NCS기반
항공객실서비스

착륙 후 서비스·
승객 하기 후 관리

CENGAGE

NCS Aircraft Cabin Service: Service After Landing& Management After Passenger Disembarkation

Yim Yeon Kyoung

ISBN-13: 978-89-6218-532-4

Cengage Learning Korea Ltd.
14F YTN Newsquare 76 Sangamsan-ro
Mapo-gu Seoul 03926 Korea
Tel: (82) 2 330 7000
Fax: (82) 2 330 7001

Cengage Learning is a leading provider of customized learning solutions with office locations around the globe, including Singapore, the United Kingdom, Australia, Mexico, Brazil, and Japan.
Locate your local office at: **www.cengage.com**

Cengage Learning products are represented in Canada by Nelson Education, Ltd.

To learn more about Cengage Learning Solutions, visit **www.cengageasia.com**

photo credit
cover © EllenMoran / Getty Images

Printed in Korea
Print Number: 01 Print Year: 2022

NCS기반
항공객실서비스

착륙 후 서비스·승객 하기 후 관리

Service After Landing & Management After Passenger Disembarkation

임연경 지음

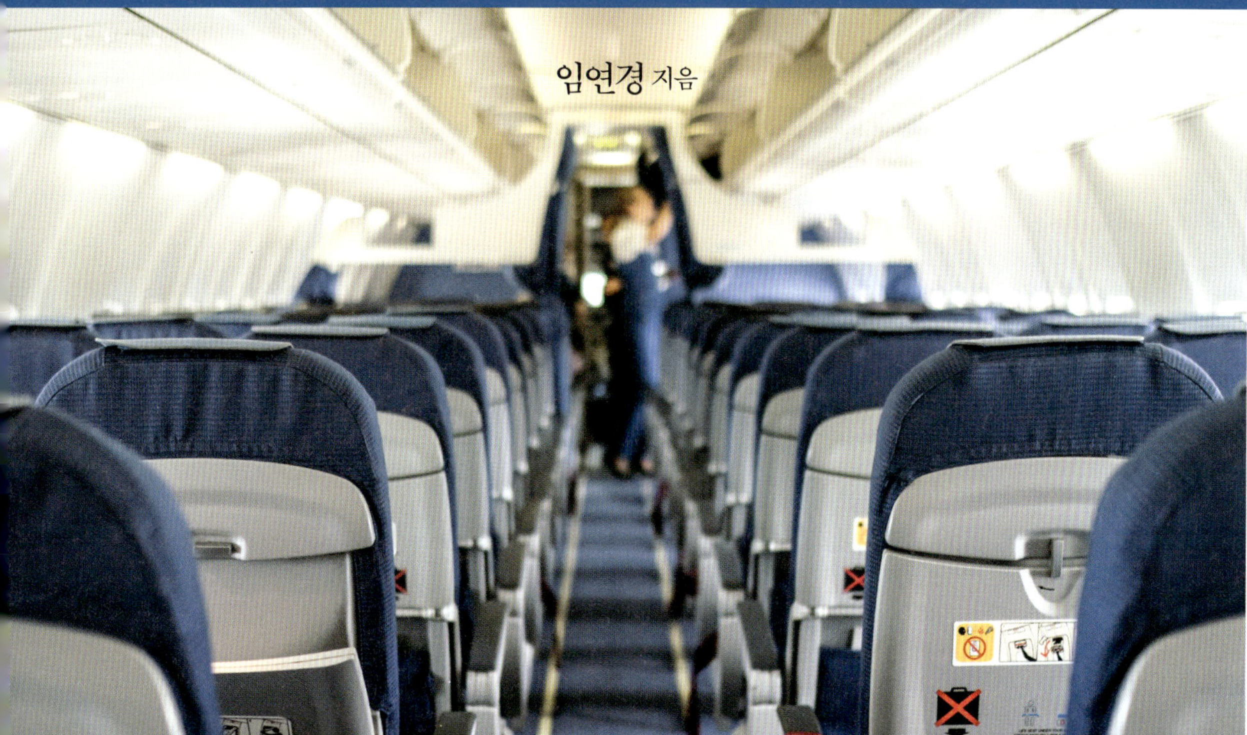

CENGAGE

Andover • Melbourne • Mexico City • Stamford, CT • Toronto • Hong Kong • New Delhi • Seoul • Singapore • Tokyo

임연경

현) 제주관광대학교 항공서비스과 초빙교수
현) 한국항공객실안전협회 제주지부장
인하공전 항공운항과 졸업
세종대학교 호텔관광경영학과 석사
제주대학교 관광개발학과 박사수료
대한항공 객실승무원 12년 근무
대한항공 웹사이트 모델

NCS기반 항공객실서비스

착륙 후 서비스·
승객 하기 후 관리

초판 1쇄 인쇄 2022년 2월 21일
초판 1쇄 발행 2022년 2월 28일
지은이 임연경
편집 김민정
발행인 송성현
발행처 센게이지러닝코리아(주)
등록번호 제313-2007-000074호(2007.3.19)
주소 서울시 마포구 상암산로 76 YTN 뉴스퀘어 14층
전화 02)330-7000
이메일 asia.infokorea@cengage.com
홈페이지 www.cengage.co.kr
ISBN-13 978-89-6218-532-4

값 20,900원

머리말

이 교재는 항공운항과를 졸업하고 객실 승무원으로 12년간 근무한 후, 현재 제주 소재의 항공서비스과에서 학생들을 지도하는 과정에서 과연 객실 승무원을 준비하는 학생들에게 꼭 필요한 교재가 무엇일까 하는 오랜 고민의 결과, 집필하게 되었다.

객실 승무원 취업을 준비하는 항공서비스과 학생들은 좀 더 생생하고 현장감 있는 기내 상황에서 제반 지식과 능력을 학습하고 싶어하지만, 아무리 훌륭한 교내 항공 실습실이 있다고 해도 실제 기내 환경이나 기자재를 보유하는 데는 한계가 있다. 따라서 이를 극복할 수 있는 것은 내용이 충실한 교재뿐임을 실감하게 되었다.

또한 항공서비스과를 전공하지 않은 일반학과 취업 준비생의 경우에는 객실 승무원 업무에 대한 정보가 부족하므로, 이러한 문제를 극복하기에 이 교재는 더더욱 큰 도움이 될 것이다.

현재 거의 모든 대학의 항공서비스과에서는 NCS(National Competency Standards, 국가직무능력표준)를 기반으로 한 교육과정을 운영하고 있다. 'NCS 항공 객실 서비스'는 '기내 안전 관리' '승객 탑승 전 준비' '승객 탑승 및 이륙 전 서비스' '비행 중 서비스' '착륙 전 서비스' '착륙 후 서비스' '승객 하기 후 관리' '응급환자 대처' '객실 승무 관리' 등 서비스 절차에 따라 나뉘었으며, 그에 따른 수행 능력을 평가함으로써 실무 중심의 교육을 목표로 한다. 그러나 NCS 능력단위를 기반으로 한 체계적인 교재가 드문 실정이어서 'NCS 항공 객실 서비스'를 능력단위별로 구분하여 정리하였다.

이 교재는 '착륙 후 서비스'와 '승객 하기 후 관리' 두 개의 능력 단위로 구성되었으며 비행의 마무리를 하는 절차이므로 더욱 꼼꼼하게 내용을 이해하기를 바란다.

학습하기 전에 반드시 수행준거를 먼저 살펴본 후, 본문으로 들어가기를 권한다. 학습 후에는 본문의 중요한 내용을 정리하고 다음 장으로 넘어갈 수 있도록, 각 장 뒷부분에 점검 단계 '잠깐! 점검해 볼까요?'를 편성하였다.

아무쪼록 이 교재를 채택한 모든 교수자나 학생이 좀 더 쉽게 NCS를 기반으로 한 '착륙 후 서비스'와 '승객 하기 후 관리'를 이해하고 활용할 수 있기를 기대하며, 항공서비스과를 전공하는 학생이나 객실 승무원을 준비하는 취업 준비생의 항공 지식 함양에 실질적인 도움이 되길 바란다.

이 교재가 출판되기까지 오랜 시간 검토 및 편집을 도와주신 센게이지러닝코리아㈜에 감사드린다.

2022년 겨울 임연경

CHAPTER 2
승객 하기 지원하기
Support Passenger Disembarkation

CHAPTER 3
특수 승객 지원하기
Support Passengers with Special Needs

CHAPTER 5

잔류 승객 점검하기

Inspect Remaining Passengers

CHAPTER 6

기내 설비 점검하기

Inspect In-flight Equipment

CHAPTER 7

기내 용품, 면세품 인수인계하기

Take over and Hand over In-flight Items and Duty Free Items

국가직무능력표준(NCS)

1. NCS 개념

국가직무능력표준(NCS: National Competency Standards)이란 산업현장에서 직무를 수행하기 위해 요구되는 지식, 기술, 소양 등의 내용을 국가가 산업부문별, 수준별로 체계화한 것으로 산업현장의 직무를 성공적으로 수행하기 위해 필요한 능력(지식, 기술, 태도)을 국가적 차원에서 표준화한 것을 의미한다.

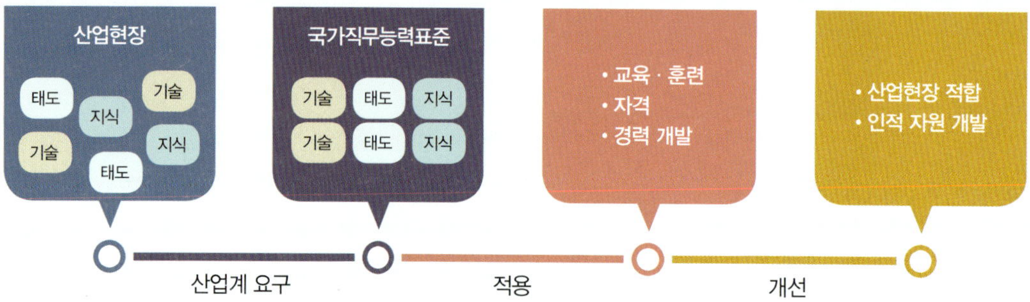

국가직무능력표준 개념도

2. 직무 능력

- 현업에서 요구하는 필수 실무 능력
- 직업인으로서 기본적으로 갖추어야 할 공통 능력
- 해당 직무를 수행하는 데 필요한 역량(지식, 기술, 태도)

이렇게 달라졌어요!
보다 효율적이고 현실적인 대안 마련

1. 실무 중심의 교육 · 훈련과정 개편
2. 국가 자격의 종목 신설 및 재설계
3. 산업현장 직무에 맞게 자격시험 전면 개편
4. NCS 채용을 통한 기업의 능력 중심 인사관리 및 근로자 평생 경력 개발 관리 지원

3. NCS 필요성

능력 있는 인재를 개발해 핵심 인프라를 구축하고, 나아가 국가 경쟁력을 향상시키기 위해 국가직무능력표준이 필요하다.

- 기업은 직무분석 자료, 인적 자원 관리 도구, 인적 자원 개발 프로그램, 특화자격 신설, 일자리 정보 제공 등을 원한다.
- 기업교육훈련기관은 산업현장의 요구에 맞는 맞춤형 교육 · 훈련 과정을 개설하여 운영하기를 원한다.

현행

- 직업교육 · 훈련 및 자격제도가 산업현장과 불일치
- 인적 자원의 비효율적 관리 운용

국가직무능력표준 →

개선 후

- 각각 따로 운영되었던 교육 · 훈련, 국가직무능력표준 중심 시스템으로 전환(일 · 교육 · 훈련 · 자격 연계)
- 산업현장 직무 중심의 인적 자원 개발
- 능력 중심 사회 구현을 위한 핵심 인프라 구축
- 고용과 평생 직업능력 개발 연계를 통한 국가 경쟁력 향상

4. 추진 경과

2002

일 · 교육 · 훈련 · 자격을 연계하기 위해 국가직무능력표준 제도 도입

2010

국가직무능력표준의 효율화 추진에 대해 국가정책조정회의 조정

- NCS 명칭 통일 및 개발 주체 일원화(고용노동부, 한국산업인력공단)
- NCS 연구 및 교육과정 지원(교육부, 한국직업능력개발원)

2013

'능력중심사회를 위한 여건 조성' 핵심 국정과제 확정

5. NCS 활용범위

국가직무능력표준은 기업체, 직업교육훈련기관, 자격시험기관에서 활용한다.

기업체(Corporation)	교육훈련기관(Education and Training)	자격시험기관(Qualification)
• 현장 수요 기반의 인력채용 및 인사관리 기준 • 근로자 경력 개발 • 직무기술서	• 직업교육훈련과정 개발 • 교수계획 및 매체, 교재 개발 • 훈련기준 개발	• 자격 종목의 신설통합폐지 • 출제기준 개발 및 개정 • 시험 문항 및 평가방법

인용 출처: NCS 홈페이지(https://www.ncs.go.kr)

NCS 항공 객실 서비스 직무

1. 직무 정의

항공 객실 서비스란 객실 안전관리, 승객 탑승 전 준비, 승객 탑승 서비스, 이륙 전 서비스, 비행 중 서비스, 착륙 전 서비스, 착륙 후 서비스, 승객 하기 후 관리, 응급환자 대처, 객실 승무 관리를 하는 일이다.

2. 능력 단위

순번	능력 단위	순번	능력 단위
1	기내 안전관리	8	응급환자 대처
2	승객 탑승 전 준비	9	객실 승무 관리
3	승객 탑승 및 이륙 전 서비스	10	기내 음료 서비스
4	비행 중 서비스	11	항공 서비스 업무 기본
5	착륙 전 서비스	12	항공 기내 방송 업무
6	착륙 후 서비스	13	고객만족 서비스
7	승객 하기 후 관리	14	항공 서비스 매너

3. 능력 단위별 능력 단위 요소

분류 번호	능력 단위	수준	능력 단위 요소
1203010501_15v2	기내 안전관리	3	승객 탑승 전 안전 · 보안 점검하기
			항공기 이 · 착륙 전 안전 · 보안 관리하기
			비행 중 안전 · 보안 관리하기
			착륙 후 안전 · 보안 점검 · 관리하기
			비상사태 발생 시 대응하기
			상황별 안전안내 방송하기
1203010502_13v1	승객 탑승 전 준비	3	기내 서비스 용품 점검하기
			서비스 설비 및 기물 점검하기
			특별 서비스 요청사항 점검하기
1203010503_16v2	승객 탑승 및 이륙 전 서비스	3	탑승 위치 대기하기
			탑승권 재확인하기
			좌석 안내하기
			수하물 정리 지원하기
			특수 고객 지원하기
			탑승 환영 안내 방송하기
1203010504_13v1	비행 중 서비스	3	기내 음료 제공하기
			기내식 제공하기
			기내 오락물 제공하기
			면세품 판매하기
			객실 상태 점검하기
1203010505_16v2	착륙 전 서비스	3	입국 서류 배포 및 작성 지원하기
			기내 용품 회수하기
			기내 서비스 용품 및 면세품 재고 확인하기
			목적지 도착 안내 방송하기
1203010506_16v2	착륙 후 서비스	3	도착 안내 방송하기
			승객 하기 지원하기
			특수 고객 지원하기
1203010507_13v1	승객 하기 후 관리	3	유실물 점검하기
			잔류 승객 점검하기
			기내 설비 점검하기
			기내 용품 인수 · 인계하기

분류 번호	능력 단위	수준	능력 단위 요소
1203010508_13v1	응급환자 대처	3	응급환자 발생 상황 파악 · 보고하기
			응급환자 초기 대응하기
			응급환자 후속 관리하기
			환자 대처 상황 기록하기
1203010509_16v2	객실 승무 관리	4	객실 승무원별 근무 배정하기
			운항 · 객실 간 정보 공유하기
			불만 승객 관리하기
			출 · 도착 서류 작성 · 관리하기
			객실 서비스 관리하기
1203010510_16v1	기내 음료 서비스	2	기내 음료 파악하기
			기내 음료 제공하기
1203010511_16v1	항공 서비스 업무 기본	2	항공 서비스 관련 서류 확인하기
			항공 여객 정보 확인하기
1203010512_16v1	항공 기내 방송 업무	3	항공 기내 방송 준비하기
			정상적 상황 방송하기
			비정상 상황 방송하기
			비상 상황 방송하기
1203010513_16v1	고객 만족 서비스	3	서비스 마인드 함양하기
			이미지 메이킹하기
			불만 고객 대처하기
1203010514_16v1	항공 서비스 매너	2	기본 매너 갖추기
			항공 서비스 매너 관리하기

4. 능력 단위: 착륙 후 서비스

분류 번호: 1203010506_16v2
능력 단위 명칭: 착륙 후 서비스
능력 단위 정의: 착륙 후 서비스란 착륙 후부터 승객 하기 전까지 도착 안내방송, 승객 하기 지원, 특수 고객 지원을 수행하는 능력이다.

능력 단위 요소	수행 준거
1203010506_16v2.1 도착 안내방송하기	**1.1** 객실 서비스 규정에 따라 착륙 후 도착 안내방송(Farewell)을 실시할 수 있다. **1.2** 객실 서비스 규정에 따라, 여권과 입국서류 소지 안내방송을 실시할 수 있다. **1.3** 객실 서비스 규정에 의거, 해당 공항에 따른 상황별 안내방송을 할 수 있다.
	【지식】 • 객실 서비스 규정 이해 • 도착지 공항별 상황 이해 • 도착지 공항 입출국 이해
	【기술】 • 외국어 능력 • 정보검색 능력 • 기내방송시스템 사용 기술 • 방송문에 대한 방송 능력
	【태도】 • 명료한 태도 • 고객 지향적 사고 노력 • 관련 규정사항 준수
1203010506_16v2.2 승객 하기 지원하기	**2.1** 도착지 공항 규정에 따라 검역 또는 세관의 허가가 필요한지 확인할 수 있다. **2.2** 객실 서비스 규정에 따라 승객 하기 시, 감사하는 마음으로 하기 인사를 실시할 수 있다. **2.3** 객실 서비스 규정에 의해 승객의 짐 운반 등을 적극적으로 도울 수 있다.
	【지식】 • 객실 서비스 규정 이해 • 도착지 입출국 정보 이해 • 도착지 공항시설 이해
	【기술】 • 의사소통 기술 • 외국어 능력 • 인사 기술
	【태도】 • 공손한 태도 • 적극적 자세 유지 • 신속한 태도

<table>
<tr><th>능력 단위 요소</th><th>수행 준거</th></tr>
<tr><td rowspan="4">1203010506_16v2.3
특수 고객 지원하기</td><td>3.1 객실 서비스 규정에 따라 지상직원에게 여객 및 화물 운송 관련 서류(Ship Pouch)를 인계하고, 중요 승객이나 특별 승객에 대한 정보를 구두로 먼저 알려 줄 수 있다.
3.2 객실 서비스 규정에 따라 응급환자, VIP, F/C, C/C, Y/C, UM(비동반소아), Stretcher(환자) 승객 순으로 신속히 하기가 이루어질 수 있도록 안내할 수 있다.
3.3 객실 서비스 규정에 따라 특수 고객을 위해, 적극적으로 게이트(Gate)까지 지원할 수 있다.</td></tr>
<tr><td>【지식】
• 도착지 공항 입출국에 대한 지식
• 특수고객별 특성 이해
• 휠체어 사용 방법</td></tr>
<tr><td>【기술】
• 휠체어 사용 기술
• 외국어 및 커뮤니케이션 능력
• 고객 DB활용 기술
• 특수 고객에 대한 이동수행 능력</td></tr>
<tr><td>【태도】
• 공손한 태도
• 정확하고 신속한 태도
• 배려 있는 태도
• 조심성 유지</td></tr>
</table>

5. 능력 단위: 승객 하기 후 관리

분류 번호: 1203010507_13v1
능력 단위 명칭: 승객 하기 후 관리
능력 단위 정의: 승객 하기 후 관리란 유실물 점검, 잔류 승객 점검, 기내 설비 점검, 기내 용품 인계 · 인수를 수행하는 능력이다.

능력 단위 요소	수행 준거
1203010507_13v1.1 유실물 점검하기	**1.1** 객실 서비스 규정에 따라 승객 하기 후 유실물 점검을 최우선으로 하며, 상위 클래스일 경우 지상조업 개시 전에 철저히 점검을 실시할 수 있다. **1.2** 객실 서비스 규정에 따라 객실 수화물 선반(Overhead Bin)을 열어 육안으로 확인할 수 있다. **1.3** 객실 서비스 규정에 의해 코트 룸 및 승객 좌석 하단, 창 측, 승객 좌석 주머니(Seat Pocket) 등을 육안으로 점검할 수 있다. **1.4** 객실 서비스 규정에 의해 유실물 발견 시 상급자에게 보고하고 승무원은 최대한 빨리 승객에게 인계할 수 있다.
	【지식】 • 객실 서비스 규정 이해 • 도착지 공항의 유실물 처리 절차 이해
	【기술】 • 유실물 취급 처리 기술 • 유실물 절차에 따른 안내 기술 • 외국어 능력
	【태도】 • 신속한 태도 • 적극적인 태도 • 정확성 유지
1203010507_13v1.2 잔류 승객 점검하기	**2.1** 객실 서비스 규정에 따라 밀폐 공간(화장실 및 벙커(Bunker)) 내 잔류 승객 여부를 점검할 수 있다. **2.2** 객실 서비스 규정에 따라 각각의 승무원은 담당 존별로 결과를 구두로 보고할 수 있다. **2.3** 객실 서비스 규정에 따라 잔류 승객을 조치할 수 있다.
	【지식】 • 특수 고객 이해 • 잔류 승객 처리에 대한 지식 • 공항 업무 이해
	【기술】 • 특이 승객 대처 능력 • 대화 능력 • 상황판단 능력

능력 단위 요소	수행 준거
1203010507_13v1.2 잔류 승객 점검하기	【태도】 • 정중한 태도 • 적극적인 태도 • 단호함 유지
1203010507_13v1.3 기내 설비 점검하기	**3.1** 객실 서비스 규정에 따라 객실 내 장착되어 있는 모든 서비스 설비나 장비를 점검할 수 있다. **3.2** 객실 서비스 규정에 따라 객실 설비나 장비를 점검 후 이상 유무를 보고할 수 있다. **3.3** 객실 서비스 규정에 따라 객실 설비나 장비에 이상이 있을 경우 정비사에게 구두 전달하고 객실 설비장비 수리 요청서에 기록할 수 있다.
	【지식】 • 객실 서비스 규정 이해 • 객실 서비스 설비장비 이해 • 객실 서비스 설비장비 수리 요청서 이해
	【기술】 • 객실 설비장비 사용에 대한 능력 • 외국어 능력 • 합리적 계산 및 정보파악 능력 • 객실 설비장비 수리 요청서 작성 기술
	【태도】 • 주의력 있는 태도 • 꼼꼼한 태도 • 적극적인 태도
1203010507_13v1.4 기내 용품 인수 · 인계하기	**4.1** 객실 서비스 규정에 따라 기내에 탑재된 서비스용품 및 면세품을 컴파트먼트(Compartment)에 넣고 봉인(Sealing)할 수 있다. **4.2** 객실 서비스 규정에 따라 조리실(Galley) 담당자가 봉인(Sealing)한 후 인수인계서를 상호 점검할 수 있다. **4.3** 객실 서비스 규정에 따라 지상 종업원과 봉인 확인 및 점검(Seal to Seal) 방법으로 인계 · 인수할 수 있다.
	【지식】 • 객실 서비스 규정 이해 • 서비스용품과 기내판매품에 대한 지식 • 인수인계서에 대한 지식
	【기술】 • 실링 기술 • 안내 기술 • 수리 기술 • 외국어 구사 능력
	【태도】 • 꼼꼼한 태도 • 정확성 유지 • 신속한 태도

인용 출처: NCS 홈페이지(https://www.ncs.go.kr)

PART 1

착륙 후 서비스
Service After Landing

CHAPTER 1 도착 안내 방송하기(In-flight Announcement to Inform Landing)

CHAPTER 2 승객 하기 지원하기(Support Passenger Disembarkation)

CHAPTER 3 특수 승객 지원하기(Support Passengers with Special Needs)

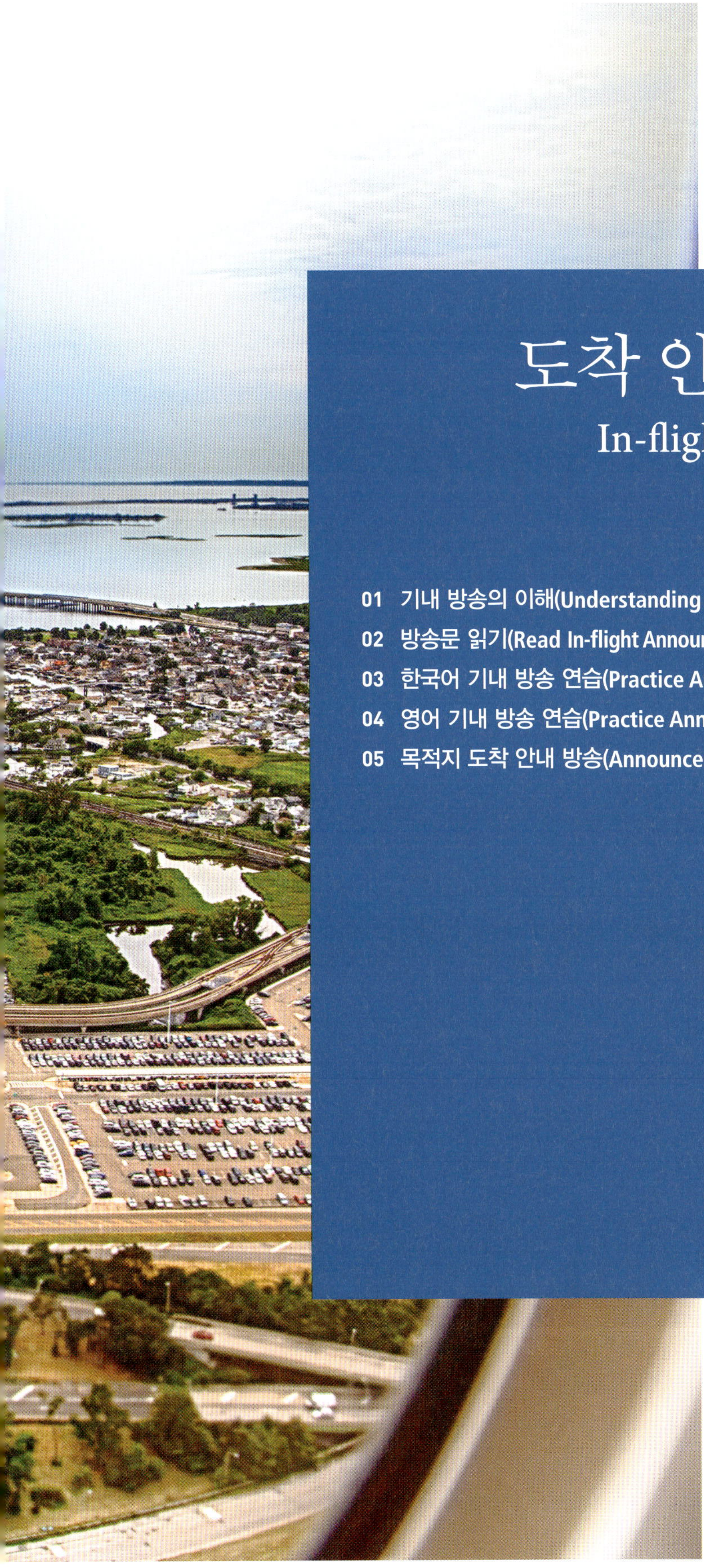

1 도착 안내 방송하기

In-flight Announcement to Inform Landing

01 기내 방송의 이해(Understanding of In-flight Announcement)
02 방송문 읽기(Read In-flight Announcement)
03 한국어 기내 방송 연습(Practice Announcement in Korean)
04 영어 기내 방송 연습(Practice Announcement in English)
05 목적지 도착 안내 방송(Announcement to Inform Landing)

01

기내 방송의 이해

Understanding of In-flight Announcement

기내 방송(Public Address, Passenger Announcement, PA)은 승객에게 비행 중 여행에 필요한 정보 전달과 같은 서비스로서의 기능을 제공하는 한편, 비행 안전 사항에 대해서는 승객을 효율적으로 통제함으로써 승객의 안락하고 안전한 여행을 보장하기 위해 실시한다.

또한 비정상 상황 발생 시 효과적인 정보 전달 수단으로 활용하며, 상황과 여건에 따라 신속한 상황 판단 및 대처 능력을 발휘하여 정확하고 적절한 방송을 실시함으로써 승객의 불안감이나 항공기 비정상 상황에 대한 궁금증을 해소하고, 승객의 알고자 하는 욕구를 충족하는 데 그 목적이 있다.

1. 기내 방송의 자격

기내 방송은 해당 항공사에서 실시하는 기내 방송 자격시험에 응시하여 방송 자격을 취득한 사람만이 실시할 수 있다. 항공사마다 규정은 다르지만 보통은 해당 비행편의 최상위 자격 승무원이 기내 방송을 담당하게 되며 방송을 실시한 담당 승무원은 방송 사고에 대한 일차적인 책임이 있으므로 책임감을 가지고 기내 방송이 잘 진행될 수 있도록 평소 꾸준한 연습을 해야 한다.

2. 기내 방송의 종류

기내 방송은 운항 승무원 방송과 객실 승무원 방송으로 크게 구분된다. 객실 승무원 방송에는 직접 본인의 음성으로 실시하는 기내 방송과, 사전에 녹음된 장비로 필요시 사용할 수 있는 Pre-recorded Announcement가 있다. 또한 객실 승무원 방송은 정규 방송과 비정상 상황 시 방송으로 구분되며, 정규 방송은 사무장(캐빈 매니저) 방송과 방송 담당자 방송(일반 방송)으로 다시 세분된다.

3. 기내 방송의 우선순위

방송의 중요도에 따라 승객에게 송출되는 기내 방송의 우선순위가 정해져 있다. 우선순위는 기내 설비 시스템에 따라 다음과 같이 자동으로 통제된다.

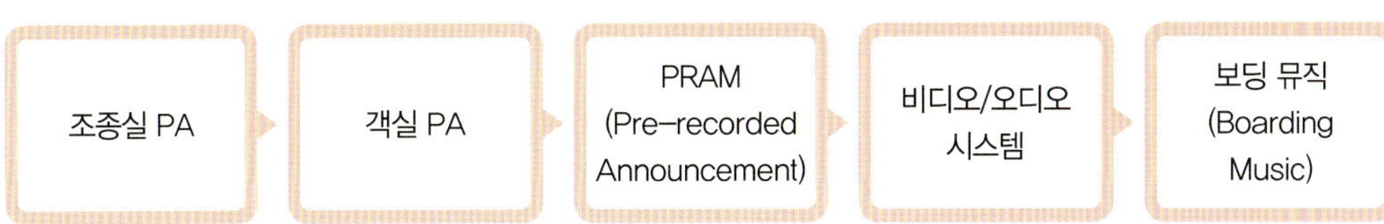

예를 들어 객실에서 방송을 하고 있더라도, 기장이 조종실에서 방송을 실시한다면 객실 방송이 중단되고 객실에는 기장 방송만 들리게 된다.

4. 방송 시 유의사항

- 자연스러운 방송이 될 수 있도록 담당 객실 승무원은 발음, 억양, 어조, 속도, 음량에 유의해야 하며 방송문을 잘 이해하고 암기하여 매끄럽게 읽을 수 있도록 한다.
- 기내 방송도 서비스의 일부임을 인식하고 전

노선의 모든 방송을 성심성의껏 한다.

- 필요한 경우 방송 Manual에 수록된 방송문안을 기본으로 활용하여 적절한 방송을 실시한다. 그러나 너무 장황한 느낌을 주거나 예의에 벗어난 단어의 선택, 어색한 문구는 피한다.
- 기종별로 방송 시스템과 마이크 감도, 음량이 다르므로 PA는 Pre-Flight 점검에서 'PA Test' 방송을 반드시 실시하여 볼륨이나 잡음 발생 등을 미리 체크하며, 이륙 후에도 PA 상태를 수시로 점검하여 안정적인 방송이 되도록 한다.
- 방송 전담 승무원 외에 모든 승무원은 매 기내 방송 시 모니터링을 하여 음량이 크거나 작아 조치가 필요한 경우 혹은 방송 내용을 잘못 전달한 경우에 방송 담당자에게 신속히 전달하여 정정 방송이 나갈 수 있도록 협조한다.

모니터링 기내 방송 예문

승무원 여러분,
기내 방송 상태를 점검하기 위한 PA 모니터링 방송입니다.
이 비행기는 __________까지 가는 / __________항공 __________편입니다.
감사합니다.
모니터링 결과를 알려 주시기 바랍니다.

Ladies and gentlemen,
captain (Family name) and the entire crew,
flight time / is / thirteen minutes / after take off.
Our cabin crew will be happy to serve you in any way we can.

- 마이크와 입술의 거리는 2cm 내외로 하고 송화기에 입술이 정면에 오도록 하여 파열음이 나지 않도록 유의하며, 음량 및 명료도가 좋은 상태를 유지한다.
- 밝게 미소 띤 표정으로 방송해야 밝고 기분 좋은 음성을 연출할 수 있다. 발음을 정확하게 하되, 특히 띄어 읽기와 강조해 읽기를 구분하여 방송한다.
- 적당한 Pause를 유지하며 억양이 일률적으로 똑같지 않도록 말끝의 높낮이에 변화를 주어 방송하되, 지나친 멋 부리기 식의 독특한 억양이 되지 않도록

주의한다.

- 외국어 방송을 할 때에는 더 또박또박 차분히 발음하여 의미가 잘 전달되도록 한다.
- 기본적으로 방송은 친근하고 여유 있게 실시하고, 안전 관련 방송은 단호하면서도 정중한 느낌이 들도록 연출한다.
- 기내 상황에 대한 전반적인 이해, 특수 상황에 대한 판단 능력이 필요하며, 적절한 상황에 필요한 방송을 즉각 실시할 수 있도록 평소에 방송문의 구성을 숙지해 두어야 한다.

5. 노선별 기내 방송 언어 순서

- 국내선 : 한국어 → 영어
- 한일노선 : 한국어 → 영어 → 일본어
- 한중노선 : 한국어 → 영어 → 중국어
- 미주노선, 동남아 노선, 기타 노선 : 한국어 → 영어 → 현지어

02

방송문 읽기

Read In-flight Announcement

1. 편수 읽기

1) 한국어

숫자를 한 자리 단위로 끊어서 읽으며 '0'은 '공'으로 읽는다.

예시	바른 읽기	틀린 읽기
234편	이삼사편 (◯)	이백삼십사편 (×)
605편	육공오편 (◯)	육백오편 (×)
001편	공공일편 (◯)	영영일편 (×)

2) 영어

한국어와 마찬가지로 숫자를 한 자리 단위로 끊어서 읽으며 '0'은 'zero'로 읽는다. 단, '0'이 중간에 있는 편수는 0을 'ou'로 읽어도 무방하다.

예시	바른 읽기	틀린 읽기
234편	two three four (◯)	two hundred thirty four (×)
605편	six zero five (◯)	six hundred five (×)
001편	zero zero one (◯)	ou ou one (×)

2. 시각 읽기

- 시간과 분을 구분하여 읽는다.
- 30분, 15분, 45분을 a half, a quarter, three quarters past 등으로 읽지 않는다.

- 12시 단위로 표현한다(24시 단위로 표현하지 않음).
- 12시를 제외한 매시 정각은 o'clock을 넣어 읽는다.
- 1분부터 9분까지는 반드시 분 앞에 'o[ou]'를 넣어 읽는다.

시간	읽는 법
정오 12:00	twelve noon
낮 12:05	twelve o five p.m.
자정 12:00	twelve midnight
밤 12:03	twelve o three a.m.
오후 06:00	six o'clock p.m.
오전 02:00	two o'clock a.m.
오전 03:08	three o eight a.m.
오후 15:25	three twenty-five p.m.

3. 공항명 읽기

- 국제선과 국내선 모두 '지역명+공항 공식 명칭' 순으로 표현한다.
- '인천'과 같이 지역명이 중복되는 경우, '인천국제공항'으로 표현한다.

지역명	공항명	읽는 법(한국어)	읽는 법(영어)	비고
인천	인천국제공항	인천국제공항	Incheon International Airport	지역명과 공항명 중복
제주	제주국제공항	제주국제공항	Cheju International Airport	지역명과 공항명 중복
나리타 (일본)	나리타국제공항	도쿄 나리타 국제공항	Tokyo Narita International Airport	지역명+공항명
로스앤젤레스 (미국)	로스앤젤레스 국제공항	로스앤젤레스 국제공항	Los Angeles International Airport	지역명과 공항명 중복
시카고 (미국)	오헤어국제공항	시카고 오헤어 국제공항	Chicago O'hare International Airport	지역명 + 공항명
싱가포르	창이국제공항	싱가포르 창이 국제공항	Singapore Changi International Airport	지역명 + 공항명
런던 (영국)	히드로국제공항	런던 히드로 국제공항	London Heathrow International Airport	지역명 + 공항명

03

한국어 기내 방송 연습

Practice Announcement in Korean

발음을 분명하고 정확하게 하기 위해서는 혀와 입술, 턱의 움직임이 부드러워야 한다. 즉 입술, 치아, 잇몸, 혀, 입천장(연구개) 등 조음기관 또는 음성기관이 소리를 만들어 내는 데 중요한 역할을 하기 때문이다.

한국어 기내 방송을 잘 하기 위해서는 정확한 발음, 억양과 강세, 띄어 읽기, 크기, 속도를 유의하며 방송한다.

1. 발음

올바른 발음과 틀린 발음		
보관 → 보간 (×)	변화 → 변하 (×)	전원 → 전언 (×)
제공되는 → 제공대는 (×)	죄송 → 재송 (×)	지정된 → 지정댄 (×)
좌석 → 자석 (X)	기류변화 → 기루변하 (×)	화장실 → 하장실 (×)
확인 → 학인 (×)	최선 → 채선 (×)	휴대전화 → 휴대저나 (×)

'의'의 발음	
'의'가 맨 앞에 오는 경우 → '으이'로 발음	의사, 의리, 의문, 의자, 의심, 의논
'의'가 단어의 중간이나 맨 끝에 위치할 때 → '이'로 발음	협의, 문의사항, 회의, 편의점, 주의사항, 유의하시기, 문의, 강의
단어와 단어 사이에 조사로 위치할 때 → '에'로 발음	승무원의 안내 선반 위의 가방 승객 여러분의 탑승 비행기의 좌석 전염병의 안내 세관의 검사 검역기관의 조사

장음 연습			
감:사합니다	유:의해 주십시오	좌:석벨트를 매:주시고	오:전, 오:후
보:관	언:제든지	전:자제:품	품:질
사:용	계:속해서	면:세품	항:공법
세:관 신고서	금:연이오니	최:선	전:원
여:실 때에는	이:용	조:심	예:정하고 있으며

연음 연습	
검역 → 거멱	앉아 → 안자
밭에 → 바테	반입 → 바닙
없어 → 업써	값을 → 갑쓸
열어 두시기 → 여러 두시기	부득이 → 부드기
필요하시면 → 피료하시면	넋이 → 넉씨

2. 억양과 강세

기내 방송을 보다 편안하고 듣기 좋게 하기 위해서는 자연스러우면서도 리듬이 있는 억양과 강세가 필요하다. 이를 위해서는 어미의 높낮이를 자연스럽게 변화시키는 기술이 필요하다.

[예] 손님 여러분,(↗) 또는 (↘)
이 비행기는(→) 런던까지 가는(↗) 별님항공(→) 123편입니다.(↘)

모든 어미를 올리거나 내리는 등의 반복적인 억양과 일률적인 높낮이는 듣는 사람에게 지루하고 딱딱한 느낌을 줄 수 있으므로 어미의 높낮이에 자연스럽게 변화를 주어 연출하는 연습을 한다. 특히 '~다'로 끝나는 종결어미는 유성음을 내면서 살짝 내려놓는 듯한 부드러운 하강 억양으로 안정감 있게 마무리한다.

강조를 해야 하는 부분(공항명, 편수 등의 정보 등)에서는 조금 더 강세를 두어 또박또박 천천히 읽음으로써 전달력을 높인다.

3. 크기와 속도

앞서 언급한 바와 같이 기내 방송에 앞서 마이크의 음량 테스트는 필수이다. 기내 방송은 승객에게 정확한 정보 전달을 목적으로 하기 때문에, 아무리 훌륭한 방송이라도 듣기 불편할 정도로 볼륨이 크거나 잘 들리지 않을 정도로 볼륨이 작다면 좋은 방송이라 할 수 없다.

또한 방송의 속도가 너무 빠르면 알아듣기 어려울 뿐 아니라 긴장한 듯한 느낌을 줄 수 있고 반대로 성의 없는 방송으로 비추어질 수 있다. 반면에 지나치게 느린 방송은 무기력하고 지루한 느낌을 주어 다소 답답할 수 있으므로 적절한 속도를 유지하도록 노력해야 한다.

04

영어 기내 방송 연습
Practice Announcement in English

외국인을 대상으로 하는 방송이므로 발음을 유창하게 하려고 부자연스럽게 혀를 굴리기보다는 천천히 정확하게 발음하고 악센트를 주는 것이 좋다. 특히 'R'과 'L', 'B'와 'V', 'P'와 'F', 'TH' 발음에 유의하여 방송한다.

1. 유의해야 할 발음

1) 'R'과 'L'

'R'을 발음할 때에는 혀가 입천장에 닿지 않도록 입천장의 뒤쪽으로 말듯이 소리를 낸다.

aircraft, approaching, area, arrival, cooperation, crew, during, morning, ready, recheck, recommend, refer, refrain, remain, remind, restrictions, return, right, turbulence

'L'은 'L'이 앞에 있는 경우에는 혀끝이 윗니에 닿게 하고, 'L'이 뒤에 오는 경우에는 혀끝이 윗니 뒤쪽의 윗잇몸에 닿지 않은 상태로 소리를 내어 발음한다.

all, call, close, flight, gel, ladies, landing, leave, limited, liquid, located, meal, please, until

2) 'B'와 'V'

'V'는 아랫입술에 윗니를 대고 바람을 세게 내보내는 소리이다.

arrival, cover devices, have, headbins, lavatories, over, prevent, provide, vest, video

3) 'P'와 'F'

'P'는 윗입술과 아랫입술을 붙여서 안쪽으로 약간 힘을 준 후 다시 입술을 열면서 숨을 내보내며 발음한다.

appreciated, hope, open, passenger, please, pocket, point, position, preperation, pull, push, put

'F' 발음 시에는 윗니로 아랫입술을 살짝 물고 숨을 불어내며 소리를 낸다.

after, aircraft, comfort, fastened, features, few, flight, for, information, life offering, refer, refrain, safety vest,

4) 'TH'

'TH'는 두 가지 소리, 즉 무성음인 [θ]와 유성음인 [ð]로 구분되어 발음된다.

[θ]는 혀를 윗니와 아랫니 사이에 두고 혀끝이 밖으로 살짝 나오도록 놓고, 숨을 내보내며 '드~' 하는 동시에 혀를 안쪽으로 놓으며 소리를 낸다.

[ð]는 양 치아 사이에 혀끝을 살짝 닿게 하여 입술 밖으로 나오게 한 후, 윗니와 혀 사이로 호흡이 빠져나오는 순간 혀를 안쪽으로 넣으면서 성대에 진동을 주어 '드~' 하며 떨리는 소리를 낸다.

무성음 [θ] 예시	유성음 [ð] 예시
thank you	the
mouth	this/that
third	with
through	there
month	other

2. 연음의 발음

연이어 있는 두 개의 단어에서 앞 단어의 끝과 다음 단어의 첫마디에서 자음이 만나면 앞 자음은 생략되고 뒤 자음 하나만 발음한다. 두 개의 단어에서 앞 단어의 끝이 자음, 다음 단어의 첫마디가 모음인 경우에는 연결해서 발음한다.

자음+자음 예시	자음+모음 예시
must⌒be	fill⌒out
next⌒time	take⌒your
required⌒to	keep⌒your
proceed⌒to	with⌒us
bus⌒stop	in front⌒of
with⌒the aircraft	turn⌒off
please⌒stow your	take⌒off
get⌒together	assist⌒you
this⌒sound	ask⌒you
at⌒two	seatbelt⌒is

3. 핸드셋(PA) 사용법

1) 에어버스사의 항공기 PA 사용법

Airbus 330-200/300 기종

- Handset을 꺼낸다.
- PTT(Push To Talk) 버튼을 누른 채로 방송을 실시한다.
- Reset을 위해서는 Reset 버튼을 누르거나 Handset을 원위치에 넣는다.

Zone별 PA 사용법

- PA + 1 + PTT : ZONE 1(F/R CL)에만 PA 가능
- PA + 2 + PTT : ZONE 2(P/R CL)에만 PA 가능
- PA + 3 + PTT : E/Y에만 PA 가능
- PA + ALL + PTT : 모든 Zone에 PA 가능
- PTT : 모든 Zone에 PA 가능

A330 기종 핸드셋

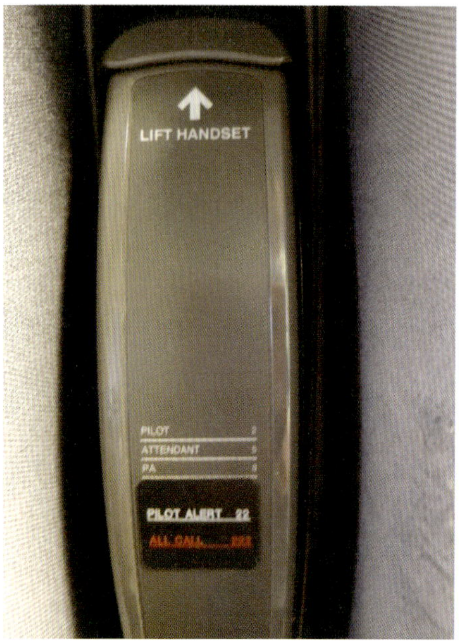

B737 기종 핸드셋

Airbus 380 기종

- Handset을 꺼낸다.
- PA 버튼을 누른다.
- PTT 버튼을 누른 채로 방송을 실시한다.
- Reset시키기 위해서는 Reset 버튼을 누르거나 Handset을 원위치에 넣는다.

2) 보잉사의 항공기 PA 사용법

- Handset을 꺼낸다.
- 해당 PA 번호를 누른다. (B737 기종 : 8번, B747 기종/B777 기종 : 46번)
- Handset 하단의 PTT 버튼을 누른 채로 방송을 실시한다.
- Reset시키기 위해서는 Reset 버튼을 누르거나 Handset을 원위치에 넣는다.

05

목적지 도착 안내 방송

Announcement to Inform Landing

수행 준거

- 객실 서비스 규정에 따라 착륙 후 도착 안내 방송(Farewell)을 실시할 수 있다.
- 객실 서비스 규정에 따라 여권과 입국 서류 소지 안내 방송을 실시할 수 있다.
- 객실 서비스 규정에 의거하여 해당 공항에 따른 상황별 안내 방송을 할 수 있다.

1. 기내 방송 절차

기내 방송은 운항 절차 및 서비스 진행에 따라 실시하게 된다. 방송 담당 승무원은 적시에 해당 방송이 실시될 수 있도록 해야 한다.

운항 절차별 방송	
이륙 전	• Preparation For Departure(출발 전 준비 방송) • Welcome(환영 방송) • Safety Demonstration(안전 데모 방송)
이륙 시	• Take Off(이륙 안내 방송)
정상고도 시작	• Fasten Seatbelt Sign Off(상시 좌석벨트 착용 안내 방송)
비행 중	• Turbulence(난기류 안내 방송) • Entry Documents(입국서류 안내 방송) • In Flight Sales(면세품 판매 안내 방송) • Station Regulations(도착지 정보 안내 방송) • Headphone Collection(헤드폰 회수 방송) • Transit Procedure(통과 승객 안내 방송)
하강 시	• Approaching(착륙 안내 방송) • Landing(착륙 직전 안내 방송)
착륙 후	• Farewell(하기 방송)

승객 하기 통로(Bridge)

Step Car

공항 버스(Ramp Bus)

2. 항공기 도착 후 절차

목적지 공항 활주로(Runway)에 착륙한 항공기는 유도로(Taxi Way)를 따라 항공관제에서 지정한 주기장으로 이동한다. 이때 '인도 차량(Follow Me Car)'을 이용하기도 하고 GPS와 유사한 장치가 장착된 항공기의 경우 스스로 지정된 주기장으로 이동하기도 한다.

주기장은 여객 청사와 연결된 곳과 여객 청사와 다소 거리가 떨어진 곳으로 구분된다. 여객 청사와 연결된 주기장의 경우에는 통로(Bridge)를 연결하고, 그렇지 않은 경우에는 스텝 카(Step Car)를 연결하여 승객이 하기할 수 있도록 준비한다.

통로/스텝 카의 연결이 끝나면, 객실 승무원과 항공기 외부의 지상 직원은 승객의 하기를 위해 안전을 확인한 후 수신호를 통해 항공기 Door를 개방한다. 그다음 승객들의 하기가 시작되고, 스텝 카를 이용하여 항공기에서 하기한 승객들은 경우에 따라 공항 버스(Ramp Bus)를 이용하여 여객 청사로 이동하게 된다.

항공기에서 하기한 승객은 검역, 입국 심사, 수하물 수취, 세관 검사를 거쳐 입국하게 된다.

3. 도착 안내 방송

도착 안내 방송(Farewell)은 항공기가 목적지 공항에 착륙한 직후, 항공기의 엔진 소음이 잦아든 뒤에 곧바로 실시한다. 아쉬움과 감사의 마음이 진심으로 느껴지도록 천천히 성의 있게 방송하며, 공항명, 날짜, 시간은 강조하여 정확히 발음한다.

1) Farewell 방송문

방송문 예시

손님 여러분,
우리 비행기는 (도시별 특성 문안)에 도:착했습니다.
[도차캤습니다]

[30분 이상 지연 및 기상, 천재지변 등 당사 귀책사유가 아닌 경우]
__________________ 관계로 / 도:착이 예:정보다 늦어졌습니다.

지금 이곳은 / ○월 ○일 오:전(오:후) ○시 ○분이며, / 기온은 섭씨 ○○도:입니다.
여러분의 안전을 위해, / 비행기가 완전히 멈춘 후: 좌:석벨트 표시등이
[여러분에]
꺼질 때까지 / 자리에서 기다려 주시기 바라며, 그동안 휴대전:화의 전:원은
꺼 두시기 바랍니다.
선반을 여:실 때에는 / 안에 있는 물건이 떨어질 수 있으니 / 조:심해 주시고, /
내리실 때에는 / 잊으신 물건이 없는지 / 다시 한번 확인해 주시기 바랍니다. /
오늘도 저희 ○○항:공을 이용해 주셔서 / 대단히 감:사합니다. /
저희 승무원들은, / 앞으로도 손님 여러분께서 안전하고 편안하게 여행하실 수
있도록 / 최:선을 다:하겠습니다.
감:사합니다. // 안녕히 가십시오. /

Ladies ⌒ and gentlemen, /
we have landed ⌒ at (도시+공항명) (international) airport.

[30분 이상 지연 및 기상, 천재지변 등 당사 귀책사유가 아닌 경우]
Today, we were delayed due to __________________.
[today 강세는 2음절]

The local time is now / (○:○) a.m/p.m(month/date).
For your safety, / please remain seated / with ⌒ your mobile phones switched ⌒ off /
[pli:z] [si:tid]
until the captain has turned ⌒ off the seatbelt sign. / Also, / please / be careful /
when opening the overhead bins / as the contents may fall ⌒ out. /
[디]
Please remember / to take all ⌒ of ⌒ your belongings with ⌒ you / when you
leave the airplane. /
[디]

Thank you for / choosing ○○ Air, / and we hope / to see you again soon /
[θ]

on your next flight.

감사합니다. 안녕히 가십시오.

2) 도시별 특성 문안

세계 각국의 도시를 소개할 때에는 각 도시를 대표할 만한 특색과 유명 관광지, 지역적, 국제적 특징 등을 간략하게 언급하여 승객에게 기대감과 친근감을 주도록 한다. 국외와 국내로 나누어 다음에 제시한 특성 문안을 참고하여 도시를 소개하는 다양한 문안을 방송에 응용해 보도록 한다.

국외 도시별 특성 문안	
AMS	• 풍차와 튤립이 있는 평화로운 도시, 암스테르담 • 음악과 꽃이 있는 운하의 도시, 암스테르담
ANC	• 겨울철 : 신비스러운 오로라와 눈부신 빙하가 조화를 이루는 알래스카, 앵커리지 • 여름철 : 환상의 백야를 체험할 수 있는 알래스카, 앵커리지
AKL	• 뉴질랜드 제일의 상공업도시, 오클랜드 • 뉴질랜드의 중심도시, 오클랜드
ATL	• 미국 교통의 중심지, 애틀랜타 • 1996년 올림픽 개최지 애틀랜타
BKK	• 황금빛 천사의 도시, 방콕 • 황금사원이 있는 소승불교의 천국, 태국 방콕
BNE	• 해변 휴양지로 이름난 골드코스트의 도시, 브리즈번 • 풍요의 땅 호주, 브리즈번
BOM	• 인도 최대의 무역항, 뭄바이
CAI	• 피라미드와 스핑크스의 도시, 카이로 • 오천년 역사와 나일강의 도시, 카이로
CDG	• 예술과 낭만의 향기가 넘치는 문화의 도시, 파리 • 세계 관광객의 영원한 꿈의 도시, 파리 • 화려한 예술과 낭만의 도시, 파리
CGK	• 고대와 현대가 함께 숨 쉬는 도시, 자카르타 • 인도네시아의 수도, 자카르타
CHC	• 남태평양의 아름다운 해변 휴양지 뉴질랜드, 크라이스트처치 • 뉴질랜드의 크라이스트처치
DFW	• 미국 중남부 경제, 교통의 중심지, 댈러스

국외 도시별 특성 문안	
DPS	• 지구상의 마지막 낙원, 발리 • 싱싱한 생명감이 넘치는 지상 최후의 낙원, 발리 • 독특한 힌두 문화가 살아 숨 쉬는 발리 • 신비와 환상의 신혼 낙원 발리 (신혼 여행객 다수 탑승 경우)
DXB	• 아라비안만 연안의 국제무역항, 두바이
FCO	• 옛날의 찬란했던 영광이 살아 숨 쉬는 고도, 로마 • 관광의 나라, 이탈리아의 로마 • 로마제국의 역사가 살아 숨 쉬는 도시, 로마
FRA	• 라인강에 얽힌 수많은 전설의 도시, 프랑크푸르트 • 독일 금융 산업의 중심지, 프랑크푸르트 • 괴테하우스가 있는 고풍스러운 도시, 프랑크푸르트
GRU	• 고원에 우뚝 솟은 사도 바울로의 도시, 브라질 상파울로 • 남미 최대의 도시, 상파울로 • 커피와 축구의 나라, 브라질 상파울로 • 정열의 삼바의 나라, 브라질 상파울로
GUM	• 남국의 정취를 만끽할 수 있는 태평양의 낙원, 괌 • 열대의 낭만, 괌 • 신비와 환상의 신혼 낙원, 괌 (신혼 여행객 다수 탑승 경우)
HAN	• 베트남의 수도, 하노이 • 베트남 북부에 위치한 행정, 교육의 중심지, 하노이
HKG	• 동서양이 조화를 이루는 동양의 진주, 홍콩 • 국제 관광도시, 홍콩 • 자유 무역항, 홍콩
HKT	• 열대의 아름다운 해변 휴양지, 태국 푸켓 • 신비와 환상의 신혼 낙원. 푸켓 (신혼 여행객 다수 탑승 경우)
HNL	• 태평양의 낙원 하와이, 호놀룰루 • 문명과 원시가 함께 숨 쉬는 하와이, 호놀룰루 • 세계의 낙원도시 하와이, 호놀룰루 • 세계 제일의 휴양지 하와이, 호놀룰루 • 신비와 환상의 신혼 낙원, 하와이 호놀룰루 (신혼 여행객 다수 탑승 경우)
IAD	• 미국의 수도이며 세계 정치의 중심지, 워싱턴 • 근대 정치사의 현장, 워싱턴 • 미합중국의 수도 워싱턴 • 미국 역사와 정치의 중심지, 워싱턴 • 포토맥강을 중심으로 우뚝 선 기품 있는 도시, 워싱턴
ICN	• 서울, 인천국제공항
JFK	• 미국 제일의 항구도시인 뉴욕 • 국제 정치, 외교의 중심지, 뉴욕 • 지구촌 무역, 금융의 중심지, 뉴욕 • 자유의 여신상이 굽어보는 도시, 뉴욕
KUL	• 고대와 현대가 조화를 이룬 정원 속의 도시, 쿠알라룸푸르

국외 도시별 특성 문안	
LAX	• 천사의 도시, 로스앤젤레스 • 캘리포니아의 햇살이 눈부신 미국 서부의 관문, 로스앤젤레스
LHR	• 신사의 나라, 영국 런던 • 민주적인 의회 정치의 산실, 영국 런던 • 오랜 역사와 전통이 살아 숨 쉬는 도시, 런던 • 해가 지지 않는 대영제국의 수도, 런던
MAD	• 정열과 투우의 도시, 마드리드 • 투우와 플라멩코의 나라, 스페인 마드리드 • 태양의 도시, 마드리드
MFM	• 동서교류 역사의 숨결이 느껴지는 마카오 • 동서양 교역의 중심지, 마카오 • 동서양의 문화가 어우러진 마카오
MNL	• 동양의 스페인, 필리핀 마닐라 • 필리핀의 수도, 마닐라
NAN	• 원시의 향기가 물씬 풍기는 피지, 난디 • 남태평양의 쪽빛 낭만, 난디 • 때 묻지 않은 천연의 관광자원이 풍부한 피지의 중심도시, 난디
ORD	• 바람의 도시, 시카고 • 시어즈 타워의 도시, 시카고
SFO	• 금문교의 도시, 샌프란시스코 • 미국 서부로 가는 길목, 샌프란시스코 • 아름다운 항구도시, 샌프란시스코
SGN	• 아오자이의 도시, 호치민 • 베트남 경제 · 문화의 중심지, 호치민
SIN	• 인공의 낙원 싱가포르 • 정돈된 열대의 낙원, 싱가포르 • 남국의 정취가 물씬 풍기는 녹색의 섬나라, 싱가포르
SPN	• 투명바다와 산호초로 유명한 사이판 • 남태평양의 정취가 가득한 사이판 • 남태평양의 낙원, 사이판 • 신비와 환상의 신혼 낙원, 사이판 (신혼 여행객 다수 탑승 경우)
SVO	• 유구한 역사와 위대한 예술로 만들어진 도시, 모스크바 • 문화와 예술이 융성한 미지의 땅, 러시아 모스크바 • 장구한 역사와 위대한 예술이 산재한 나라, 러시아 모스크바 • 크렘린과 붉은 광장의 도시, 모스크바
SYD	• 세계의 미항 호주, 시드니 • 세계 3대 미항의 하나인 호주 시드니 • 때 묻지 않은 자연, 호주 시드니 • 자연과 문명의 조화가 신비스러운 호주, 시드니
TPE	• 수려한 대륙문화와 해상문화가 조화를 이루는 도시, 타이베이 • 대만의 수도, 타이베이

국외 도시별 특성 문안	
TLV	• 황금빛 유적이 성스러운 역사를 증거하는 땅, 텔아비브 • 이스라엘의 관문, 텔아비브 • 성지로 가는 길목, 텔아비브 (기독교 신도 다수 탑승 경우) • 베들레헴과 예루살렘으로 가는 길목, 텔아비브 (기독교 신도 다수 탑승 경우)
YVR	• 신대륙의 평원, 캐나다 밴쿠버 • 넓은 땅과 우거진 숲, 자원의 보고인 캐나다, 밴쿠버 • 야생의 자연과 현대의 문명이 조화된 도시, 밴쿠버
YYZ	• 캐나다 최대의 도시, 토론토 • 캐나다 경제와 교통의 중심지, 토론토
ZRH	• 자연과 인공이 절묘하게 조화를 이루고 있는 스위스, 취리히 • 알프스 기슭에 위치한 세계의 공원, 스위스 취리히 • 산과 호수의 대 파노라마가 연출되는 스위스, 취리히

국내 도시별 특성 문안	
CJJ	• 교육의 도시, 청주 • 청정문화의 도시, 청주
CJU	• 세계 자연 유산, 제주 • 태고의 신비가 가득한 섬, 제주 • 평화와 번영의 국제 자유도시, 제주
GMP	• 서울 김포국제공항
ICN	• 인천국제공항
KPO	• 제철산업의 중심도시, 포항 • 첨단 과학산업의 도시, 포항
KUV	• 서해안 시대의 중심도시, 군산
KWJ	• 아시아 문화의 중심도시, 광주
MWX	• 백련향 가득한 순백의 고장, 무안
PUS	• 아시아 영상문화의 중심도시, 부산 • 동북아 해상교역의 허브, 부산 • 우리나라 최대 항만 물류도시, 부산
RSU	• 2012년 세계박람회 개최 도시, 여수
TAE	• 의료 융 · 복합 도시, 대구
USN	• 역동의 산업도시, 울산 • 친환경 생태도시, 울산
HIN	• 발전하는 천년고도, 진주/사천 • 충절의 고장, 진주/사천 • 가야왕국의 천년고도, 진주/사천
WJU	• 치악산의 정기가 서려 있는 원주
YNY	• 상쾌한 아침을 여는 일출의 고장, 양양

3) 비정상 상황 시 방송문

정규 방송 외에 응급, 긴급, 지연 등 비정상 상황이 발생하더라도 침착하게 방송을 실시할 수 있도록 평소에 다음의 방송문구와 이에 해당하는 영어 표현을 익혀 두도록 한다.

비정상 상황 발생 시 관련 문구와 영어 표현	
항공기 연결	aircraft connection
일부 승객 기다림	waiting for some passengers to come on board
필요 서류 기다림	waiting for necessary documents
관제탑의 이륙 허가	take-off clearance from air traffic control
항공기/활주로 제설작업	clearing snow from (the aircraft/runway)
화물 탑재/하기	baggage (loading/unloading)
항공기 급유	fueling aircraft
공항 혼잡	airport traffic congestion
출국장 혼잡	congestion of the immigration area
공항 활주로 폐쇄	closed runway at _____ airport
항공기 안전 점검	technical check of the aircraft
기상조건 악화	bad weather condition
강한 바람	strong wind
심한 비/눈	heavy (rain/snow)
짙은 안개/태풍	dense fog/typhoon
응급환자 발생	emergency patient(s)
조류 충돌	bird strike
기내 화재	cabin fire
감압	decompression

4. 여권(입국서류) 또는 탑승권 소지 안내 방송

방송문 예시 1

손님 여러분, 계:속해서 안내 말씀 드리겠습니다.
비행기에서 내리실 때, 현지 출입국 직원이 여권(탑승권) 검사를 하겠습니다.
여권(탑승권)을 미리 준:비하시기 바랍니다.
감:사합니다.

Ladies and gentlemen,

by the request⌒of⌒the local immigration authorities,

please have⌒your passport(boarding pass) in hand / when you deplane.

Thank⌒you for your cooperation.

방송문 예시 2

손님 여러분, 기내에 두고 내리시는 물건이 없는지 / 다시 한번 확인해: 주시고,

잠시 후 앞문으로 내려 주시기 바랍니다.

내리신 후: 짐을 찾으실 때에는 / 다른 짐과 바뀌지 않게 수하물표를

확인해: 주십시오.

- 아울러 공항 요청에 따라 / 여권(과 입국서류)을 손에 들고 내려 주시기 바랍니다.
- 아울러 공항 요청에 따라 / 여권 커버를 벗기고 입국 심사를 받으시기 바랍니다.

안녕히 가십시오.

5. 공항 상황에 따른 안내 방송

1) 착륙 후 대기 방송

착륙 후 공항 상황별 방송 예문	
유도로 혼잡	우리 앞을 지나가는 다른 항공기로 인해 due to aircraft passing ahead of us
	이착륙하는 다른 항공기로 인해 because an aircraft ahead of us is take-off (landing)
주기장 혼잡	모든 주기장이 사용 중입니다 because all the parking gates are currently occupied
	이 비행기의 주기장이 아직 사용 중입니다 because our designated parking gate is currently being used by another aircraft
입국장 혼잡	○○공항 당국으로부터 입국장이 혼잡한 관계로 현 위치에서 대기해 달라는 요청을 받았습니다. Due to congestion in the immigration area, the airport authorities have requested us to wait here for a few minutes.
법무부 입항 허가 지연	(국가명) 법무부의 입항 허가를 기다리느라 현 위치에서 잠시 대기 중에 있습니다. We are now waiting for the entry clearance from the immigration authorities here in (국가명).

착륙 후 공항 상황별 방송 예문	
귀빈(환영/환송) 행사	○○공항의 귀빈(선수단) (환영/환송) 행사로 인해 현 위치에서 잠시동안 기다려 달라는 요청을 받았습니다. Due to VIP (welcoming/farewell) ceremony currently being held in the terminal.
조기 도착 : 공항 업무 개시 지연	○○공항의 업무가 아직 시작되지 않아 현 위치에서 잠시 대기 중입니다. The airport administrations have not yet prepared to serve you at the moment.
조기 도착 : 주기장 사용 대기	주기장을 사용할 수 있을 때까지 잠시만 기다려 주시기 바랍니다. We will remain here shortly until our parking area becomes available.

2) 하기 지연 방송

하기 지연 시 공항 상황별 방송 예문	
조기 도착 : 연결 통로(Bridge) 연결 대기	여러분께서 내리실 통로가 아직 연결(준비)되지 않고 있습니다. We ask you to please remain seated until our gate connection is completed.
연결 통로/스텝 카 (Bridge/Step Car) 연결 대기	지금 손님 여러분께서 내리실 연결 통로/스텝 카를 연결하고 있습니다. We are now waiting for the boarding bridge to be positioned.
연결 통로/스텝 카 (Bridge/Step Car) 연결 후 하기 지연	도착 직원의 하기 안내를 기다리느라 출입문 개방이 다소 늦어지고 있습니다. We are now waiting for our ground staff to administer your entry procedure.
연결 통로(Bridge) 고장으로 인한 게이트(Gate) 변경	손님 여러분께서 내리실 연결 통로에 문제가 생겨 현재 이 비행기는 다른 주기장으로 이동 중입니다. Due to some difficulties with the boarding bridge, we will be relocating to another parking gate.
공항 버스(Ramp Bus) 대기	지금 저희는 손님 여러분을 터미널까지 모시고 갈 공항 버스를 기다리고 있습니다. We are now waiting for the ramp bus to take us to the terminal.
하기 지연 : 입항서류, 보안 검색	이곳 공항의 입항서류 확인 작업이 늦어지고 있습니다. For a confirmation process of our arrival, documents by the airport authorities.
	이곳 공항 당국의 요청에 의해 기내(공항) 보안 검색을 재실시할 예정입니다. For security check of (the cabin/the terminal) by the request of airport authorities.
하기 지연 : 응급환자 우선 하기	기내에서 발생한 응급환자를 우선적으로 모시고자 합니다. We have a passenger who needs emergency medical care.

3) 하기 안내 방송

하기 안내 시 공항 상황별 방송 예문	
하기 시작	앞쪽 첫 번째 문을 이용하여 by using the front door on the left
	앞쪽 첫 번째와 두 번째 문을 이용하여 by using the two front doors on the left
	또 계단을 내려가실 때에는 주의하시기 바랍니다. We kindly ask you to watch your step when you leave the aircraft.
	객실 뒤쪽에 계신 손님께서는 뒤쪽 문을 이용해 주십시오. For those passengers seated in the rear of the cabin, please use the rear door.
	폭설(비/갑작스러운 추위)로 인해 계단과 노면 상태가 좋지 못하니 내리실 때 주의하시기 바랍니다. Due to heavy snowfall(rain/sudden change of cold weather), we kindly ask you to watch your step when you leave the aircraft.
사전 여권 검사	이곳 공항에서는 여권을 손에 들고 내리시기를 요청하고 있습니다. All passengers are asked to have their passport ready in hand to show to the immigration authority if requested.
출입문 이상으로 후문 이용	출입문에 이상이 생겼습니다. 죄송하지만, 다소 불편하시더라도 문을 이용하여 내려 주시기 바랍니다. We are now experiencing some technical difficulties with one of our exit door. You are kindly requested to use the door.
연결 편 승객 우선 하기	오늘 연결 편 탑승 시간이 짧습니다. 터미널에 도착하면 먼저 내리셔서 저희 도착 직원의 안내를 받으시기 바랍니다. Due to a short connection time today for passengers continuing on to, we would ask all other passengers to allow those connecting passengers to exit the aircraft with priority.
최종 목적지 도착 승객 우선 하기	이곳 공항에서는 ______에서 내리시는 손님께서 먼저 내려 주시기를 요청하고 있습니다. The airport authority has requested that passengers leaving us here in ______. Please deplane at the moment.
경유지 T/S 승객 기내 대기	계속해서 ______까지 가시는 손님 여러분께서는 비행기가 다시 출발할 때까지 기내에서 잠시 기다려 주시기 바랍니다. Passengers continuing on to ______ are kindly requested to please stay on board for the consideration of our prompt departure.
공항 이동 구역 내 금연	공항 이동 구역에서의 금연 규정에 따라 공항 청사까지 걸어가시는 동안 흡연은 엄격히 금지되어 있음을 알려 드립니다. For your safety, you are kindly requested to refrain from smoking while you are walking through the terminal.
	손님 여러분께서는 지금부터 공항 버스로 청사까지 이동하시겠습니다. 아울러, 공항 이동 구역에서의 흡연은 엄격히 금지되어 있음을 알려 드립니다. When boarding the ramp bus to the terminal, we would like to inform you that smoking is strictly prohibited at all times.

6. 승객 하기 순서

응급환자 → VIP, CIP → 일등석 승객 (F/C) → 비즈니스석 승객 (C/C) →

비동반 소아 (UM) → 일반석 승객 (Y/C) → 제한 승객 (휠체어, 장애인) → 스트레처 승객

☞ 자세한 내용은 Chapter 2를 참고한다.

참고 : 착륙 후 업무

Taxiing 중

Taxiing 중 전 승무원은 착석을 유지하고, 승객들도 안전을 위해 Taxiing 중에는 반드시 착석을 유지하도록 안내한다.

Slide Mode 변경

항공기가 완전히 멈추면, 사무장(캐빈 매니저)의 방송에 맞추어 전 승무원은 Slide Mode를 변경하고 사무장에게 보고한다.

Door Open 및 승객 하기

- 사무장(캐빈 매니저)은 Fasten Seatbelt Sign이 Off된 것을 확인하고 지상 직원에게 Door Open 허가 Sign을 주어 Door를 Open하도록 한다. ☞ 단, 737 기종은 사무장이 직접 Open한다.
- Door Open 후 사무장(캐빈 매니저)은 지상 직원에게 Ship Pouch를 인계한다.

Farewell 인사

모든 승무원은 탑승구 혹은 착석 위치에서 하기 인사를 실시한다. 도움이 필요한 승객은 적극 도와드린다.

현장 사례

사례 내용

결론부터 말씀드리자면, 분명히 저는 김포행 비행기를 탔는데 방송에서는 몇 분 후 인천공항에 도착한다는 기내 방송을 하더군요. 보통 그러면 다시 정정하던데 이번엔 하지 않더군요. 승무원이 국내선이라 긴장을 푸셨는지…. 방송 자체도 어투가 성의 없고 내용도 실수하고…. 하지 않을 편이 나을 뻔한 거슬리는 방송이었습니다.

발생 원인

- 기내 방송도 서비스의 한 부분임을 인식하지 못하고 성의 없이 기내 방송을 실시했음
- 잘못된 방송에 대한 정정 방송을 실시하지 않아 정확한 정보를 전달하지 못했음
- 방송 전담 승무원 이외의 승무원이 매 기내 방송 시 실시해야 하는 모니터링 절차를 준수하지 않았음

해결 방안

- 승객이 정확한 정보를 알 수 있도록 방송 전담 승무원은 방송을 실시하기 전에 반드시 정확한 정보 숙지 여부를 확인해야 함
- 기내 방송은 기내 서비스의 중요한 부분임을 인식하고 전 노선의 모든 방송 시 성심성의껏 방송해야 함
- 방송 중 실수를 했을 경우, 즉시 정정 방송을 하여 정확한 정보가 전달되도록 해야 함
- 방송 전담 승무원 외의 모든 승무원은 기내 방송 중 모니터링을 실시하여 정확한 방송이 실시되고 있는지 모니터로서의 역할을 반드시 수행해야 함

잠깐! 점검해 볼까요?

01

기내 방송의 이해

1. 기내 방송의 유의사항에 따라 '모니터링 기내 방송'을 실시해 보시오.

02

방송문 읽기

1. 다양한 편수와 시각, 공항명을 넣어 방송문을 읽어 보시오.

03

한국어 기내 방송 연습

1. 한국어 방송 시 유의해야 할 발음, 억양과 강세, 크기와 속도에 주의하며 방송문을 읽어 보시오.

04
영어 기내 방송 연습

1. 영어 방송 시 유의해야 할 발음, 연음에 주의하여 방송문을 읽어 보시오.

05
목적지 도착 안내 방송

1. Farewell 방송을 날짜와 시간을 넣어 다양하게 연습해 보시오.

2. Farewell 방송문을 강세, 발음, 성량, 속도에 유의하여 읽어 보시오.

3. 다양한 공항 상황에 따른 안내 방송을 실시해 보시오.

승객 하기 지원하기
Support Passenger Disembarkation

2

01

공항 규정에 따른 하기 지원
Support Disembarkation Based on Airport Rules

수행 준거

- 도착지 공항 규정에 따라 검역 또는 세관의 허가가 필요한지 확인할 수 있다.

1. 인천국제공항의 출입국 규정

승객과 수하물은 통관 허용 여부 절차 및 검역 절차를 거쳐 출입국의 적법성 여부를 심사하게 된다. 이 과정을 출입국 규정이라고 하며, 흔히 CIQ라고 한다.

- C : Customs, 세관
- I : Immigration, 출입국 관리
- Q : Quarantine, 검역

© Getty Images Bank

© Getty Images Bank

1) 인천국제공항의 세관검사

세관검사는 크게 두 가지로 분류할 수 있다. 직접 소지하고 기내로 반입한 물품(Handy Carry)은 문형 게이트 옆에 설치된 X-ray 투시기를 통과해야 하며 여행객은 문형 금속 탐지기를 통해 신변 검색을 받는다.

이때 주머니 속에 들어 있는 금속성 물질은 미리 문형 게이트 앞에 설치된 빈 바구니에 넣는다. 문형 금속 탐지기에서 벨소리가 나는 경우 여행객의 신변을 휴대용 금속 탐지기로 검색할 수도 있으며, 직접 신변 수색을 할 수도 있다.(관세법 제301조)

기내에 들고 탑승하지 못한 짐(위탁 수하물)은 1층 입국장으로 내려와 지정된 컨베이어 벨트에서 찾아야 하며, 이때 '세관검사안내표지'가 부착된 수하물이 있는 경우에는 가까운 세관 직원의 안내를 받아 검사대로 이동하여 정밀 검사를 받아야 한다.

2) 세관 신고서 작성

해외에서 대한민국으로 입국하는 모든 여행자는 신고 대상 물품이 없더라도 다음 물품을 휴대한 때에는 세관 신고서를 작성하여 세관에 제출해야 한다.

- 전체 구입 및 취득가격 합계 금액이 미화 600달러를 초과하는 물품
- 미화 10,000달러 상당을 초과하는 외화, 원화, 유가증권
- 마약, 총기류, 모의총포, 도검 등 국민 건강과 사회 안전을 해칠 우려가 있는 물품

세관 신고서 작성 요령

- 가족과 함께 입국하는 경우에는 모든 가족을 대표하여 1부만 작성하면 된다.
- 기내에서 배부받은 세관 신고서에 세관 신고대상 물품 및 인적사항(여행자의 이름, 생년월일 등)을 기재한다.
- 허위로 또는 불성실하게 신고한 경우, 납부할 세액의 40%에 상당하는 가산세가 부과되며, 경우에 따라서는 관세법에 따라 처벌될 수 있다.
- 입국장에서도 세관 휴대품 신고서를 작성할 수 있으나 신속한 휴대품 통관을 위해 기내에서 미리 작성하는 것이 좋다.
- 별송품이 있는 경우, 세관 신고서 2매를 작성하여 1매는 제출하고 1매는 입

국지 세관장의 확인을 받아 별송품 통관 시 통관지 세관장에게 제출한다.

- 세금의 사후 납부를 원할 경우에는 세관 공무원에게 구두로 신청한다.

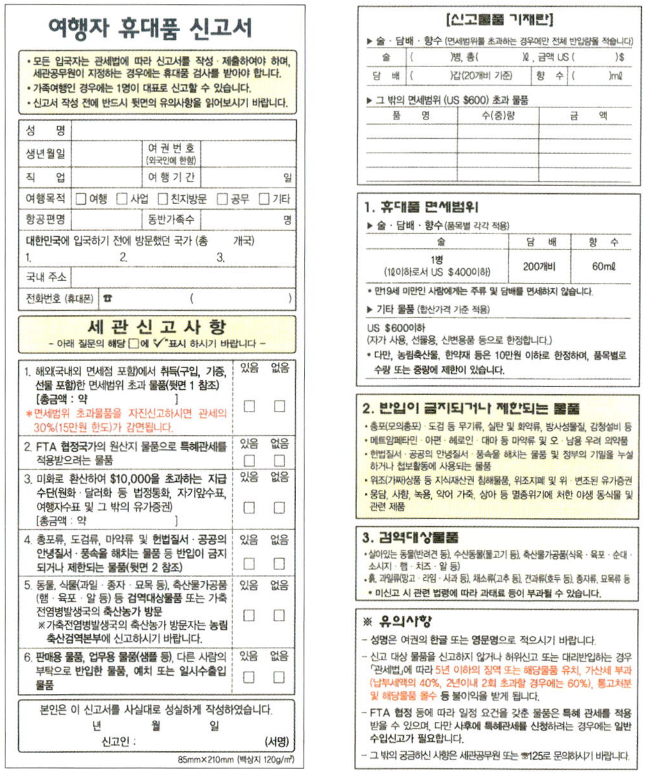

여행자 휴대품 신고서

- 모든 입국자는 관세법에 따라 신고서를 작성 · 제출하여야 하며, 세관공무원이 지정하는 경우에는 휴대품 검사를 받아야 합니다.
- 가족여행인 경우에는 1명이 대표로 신고할 수 있습니다.
- 신고서 작성 전에 반드시 뒷면의 유의사항을 읽어보시기 바랍니다.

성 명			
생년월일		여권번호 (외국인에 한함)	
직 업		여행기간	일
여행목적	□여행 □사업 □친지방문 □공무 □기타		
항공편명		동반가족수	명

대한민국에 입국하기 전에 방문했던 국가 (총 개국)
1. 2. 3.

국내 주소	
전화번호 (휴대폰)	☎ ( )

세 관 신 고 사 항
– 아래 질문의 해당 □에 "✓"표시 하시기 바랍니다 –

항목	있음	없음
1. 해외(국내외 면세점 포함)에서 취득(구입, 기증, 선물 포함)한 면세범위 초과 물품(뒷면 1 참조) [총금액 : 약] *면세범위 초과물품을 자진신고하시면 관세의 30%(15만원 한도)가 감면됩니다.	□	□
2. FTA 협정국가의 원산지 물품으로 특혜관세를 적용받으려는 물품	□	□
3. 미화로 환산하여 $10,000을 초과하는 지급수단(원화 · 달러화 등 법정통화, 자기앞수표, 여행자수표 및 그 밖의 유가증권) [총금액 : 약]	□	□
4. 총포류, 도검류, 마약류 및 헌법질서 · 공공의 안녕질서 · 풍속을 해치는 물품 등 반입이 금지되거나 제한되는 물품(뒷면 2 참조)	□	□
5. 동물, 식물(과일 · 종자 · 묘목 등), 축산물가공품(햄 · 육포 · 알 등) 등 검역대상물품 또는 가축전염병발생국의 축산농가 방문 ※가축전염병발생국의 축산농가 방문자는 농림축산검역본부에 신고하시기 바랍니다.	□	□
6. 판매용 물품, 업무용 물품(샘플 등), 다른 사람의 부탁으로 반입한 물품, 예치 또는 일시수출입 물품	□	□

본인은 이 신고서를 사실대로 성실하게 작성하였습니다.
년 월 일
신고인 : (서명)

85mm×210mm (백상지 120g/㎡)

[신고물품 기재란]

▶ 술 · 담배 · 향수 (면세범위를 초과하는 경우에만 전체 반입량을 적습니다)

술	( )병, 총( )ℓ, 금액 US ( )$		
담 배	( )갑(20개비 기준)	향 수	( )㎖

▶ 그 밖의 면세범위 (US $600) 초과 물품

품 명	수(중)량	금 액

1. 휴대품 면세범위

▶ 술 · 담배 · 향수(품목별 각각 적용)

술	담 배	향 수
1병 (1ℓ이하로서 US $400이하)	200개비	60㎖

- 만19세 미만인 사람에게는 주류 및 담배를 면세하지 않습니다.

▶ 기타 물품 (합산가격 기준 적용)

US $600이하
(자가 사용, 선물용, 신변용품 등으로 한정합니다.)

- 다만, 농림축산물, 한약재 등은 10만원 이하로 한정하며, 품목별로 수량 또는 중량에 제한이 있습니다.

2. 반입이 금지되거나 제한되는 물품

- 총포(모의총포) · 도검 등 무기류, 실탄 및 화약류, 방사성물질, 감청설비 등
- 메트암페타민 · 아편 · 헤로인 · 대마 등 마약류 및 오 · 남용 우려 의약품
- 헌법질서 · 공공의 안녕질서 · 풍속을 해치는 물품 및 정부의 기밀을 누설하거나 첩보활동에 사용되는 물품
- 위조(가짜)상품 등 지식재산권 침해물품, 위조지폐 및 위 · 변조된 유가증권
- 웅담, 사향, 녹용, 악어 가죽, 상아 등 멸종위기에 처한 야생 동식물 및 관련 제품

3. 검역대상물품

- 살아있는 동물(반려견 등), 수산동물(물고기 등), 축산물가공품(식육 · 육포 · 순대 · 소시지 · 햄 · 치즈 · 알 등)
- 흙, 과일류(망고 · 라임 · 사과 등), 채소류(고추 등), 견과류(호두 등), 종자류, 묘목류 등
- 미신고 시 관련 법령에 따라 과태료 등이 부과될 수 있습니다.

※ 유의사항

– 성명은 여권의 한글 또는 영문명으로 적으시기 바랍니다.
– 신고 대상 물품을 신고하지 않거나 허위신고 또는 대리반입하는 경우 「관세법」에 따라 5년 이하의 징역 또는 해당물품 유치, 가산세 부과(납부세액의 40%, 2년이내 2회 초과할 경우에는 60%), 통고처분 및 해당물품 몰수 등 불이익을 받게 됩니다.
– FTA 협정 등에 따라 일정 요건을 갖춘 물품은 특혜 관세를 적용받을 수 있으며, 다만 사후에 특혜관세를 신청하려는 경우에는 일반 수입신고가 필요합니다.
– 그 밖의 궁금하신 사항은 세관공무원 또는 ☎125로 문의하시기 바랍니다.

대한민국 세관 신고서

3) 입국 시 외환 신고

미화 1만 달러 이내의 지급수단(대외 지급수단, 내국통화, 원화표시 자기앞수표를 말함)을 소지한 경우에는 허가 및 신고가 필요 없다.

미화 1만 달러에 상당하는 금액을 초과하는 외화, 원화, 수표 등의 지급수단을 소지한 채 입국하는 경우에는 세관 휴대품 신고서에 외화 반입 신고를 하고 전산에 입력한 후 세관 직원이 발급하는 외국환 신고(확인) 필증을 받으면 된다.

단, 내국통화와 여행자수표, 자기앞수표를 제외한 기타 내국 지급수단의 수출입은 금액에 관계없이 허가를 받아야 한다.

4) 세금을 내고 통관하는 방법(현장통관)

여행자의 휴대물품 중 면세범위를 초과한 물품이나 반입 제한물품 등은 세관에 유치한다. 유치된 물품 중 '여행자 휴대품'으로 인정되는 물품으로 당일 통관을 원할 경우, 현장통관사무실에서 당일 통관이 가능하다.

입국검사장에서 받은 유치서를 지참하고 입국장 안에 있는 현장통관사무실에서 통관 신청을 하면 된다. 반입금지 및 제한물품의 통관에 관한 요건 확인(구비서류 검토) 절차가 있는 경우에는 시간이 걸릴 수 있으며, 제한물품의 요건을 구비하지 못하면 해당 물품은 세관에서 보관한다.

과세금액이 결정되고 세금이 부과되면 납부고지서를 발부받아 입국장 내에 있는 은행에 세금을 납부한 후 영수증을 세관(현장통관사무실)에 제출하여 물품을 수령할 수 있다.

2. 인천국제공항의 검역

1) 승객 검역

- 콜레라, 황열, 페스트 등의 오염 지역(동남아시아, 중동, 아프리카, 라틴 아메리카)으로부터 들어오는 국내 · 외 승객은 검역 심사를 받아야 한다.
- 동물, 축산물을 가지고 입국할 경우에는 출발 국가에서 발행한 검역증명서를 농림축산검역본부에 제출하고 검역을 받아야 한다.

발열 체크

• 기내에서 승무원이 나눠 주는 신고서를 비행기 안에서 미리 작성해 두면 입국 수속을 편리하고 신속하게 받을 수 있다.

■ 검역법 시행규칙 [별지 제9호서식]

건강상태 질문서

(앞쪽)

성명	성별 [ ]남 [ ]여
국적	생년월일
여권번호	도착 연월일
항공기 편명	좌석번호
한국 내 주소	
휴대전화	

과거 21일 동안의 방문 국가명을 적어 주십시오.

1)	2)	3)

과거 21일 동안에 아래 증상이 있었거나 현재 있는 경우 해당란에 "√" 표시를 해주십시오.

[ ] 설사	[ ] 구토	[ ] 복통	[ ] 발열	[ ] 오한
[ ] 콧물 또는 코막힘	[ ] 기침	[ ] 인후통	[ ] 근육통	[ ] 두통
[ ] 호흡곤란	[ ] 발진	[ ] 모기물림	[ ] 눈충혈	[ ] 기타 ( )

건강상태 질문서 작성을 기피하거나 거짓으로 작성하여 제출하는 경우 「검역법」 제12조 및 제39조에 따라 1년 이하의 징역 또는 1천만원 이하의 벌금에 처해질 수 있습니다.

작성일 년 월 일

작성인 (서명 또는 인)

국립검역소장 귀하

148mm×210mm (황색지 70g/㎡)

대한민국 검역 신고서

도착	항공기 검역 (오염 지역에서 입국 시)	승객/승무원 검역	검역 조치
• 항공기 도착	• 항공기 내 위생상태 조사 • 감염병 매개체 유무 조사 • 오수 적재 식품 검체 채취	• 발열 감시 • 건강상태 질문서 제출	• 역학조사 후 필요시 검체 채취 • 유증상자 : 시/도를 통해 추적관리 • 의사 · 환자 : 중앙검역의료지원센터 격리

검역 절차

2) 동물 검역

해외에서 가축농장을 방문한 경험이 있거나 동물, 축산물을 휴대한 승객은 세관 신고서의 해당란을 체크한 다음, 검역관에게 제출하여 반드시 검역을 받는다.

- 동물, 축산물 휴대 시 출발 국가에서 발행한 검역증명서를 제출해야 한다.
- 수입금지 국가로부터의 동물 및 축산물 반입은 절대 금지하고 있으며 미신고 시 과태료가 부과된다.
- 해외에서 가축농장을 방문한 경우에는 입국 후 5일간 가축과의 접촉을 금지하도록 한다.
- 검역을 받지 않고 동물, 축산물을 불법 반입한 경우에는 과태료가 부과된다.

신고 대상 휴대 축산물

- 육류 : 쇠고기, 돼지고기, 양고기, 닭고기 등
- 육가공품 : 햄, 소시지, 육포, 장조림, 통조림 등
- 동물의 생산물 : 녹용, 뼈, 혈분 등
- 알가공품 : 알, 난백, 난분 등
- 유가공품 : 우유, 치즈, 버터 등
- 휴대 축산물은 수입 가능 국가에서 수출국 검역증명서를 소지한 경우에 한하여 검사 후 이상이 없으면 반입이 가능하다.

3) 수산물 검역

살아 있는 어류, 패류, 갑각류 또는 냉동 · 냉장 전복류, 굴 및 새우류 등을 휴대한 승객은 세관 신고서 해당란에 체크한 다음 검역관에게 제출하여 반드시 검역을 받는다. 수산생물 전염병(흰 반점 병 등 21종)에 대한 감수성이 있는 품종에 대해서는 수출국에서 발행한 수출국 검역증명서를 제출해야 한다. 휴대 수산생물 미신고 시 최대 100만 원의 과태료가 부과되며, 가열하거나 건조한 제품은 검사대상에서 제외된다.

신고 대상

- 살아 있는 수산생물(어류 · 패류 · 갑각류)
- 냉장 · 냉동 전복류, 굴 및 새우류

수입 금지 대상

- 이식용 또는 이식용 지정 검역물로 추정되는 살아 있는 수산생물(치어, 치패, 알 등)

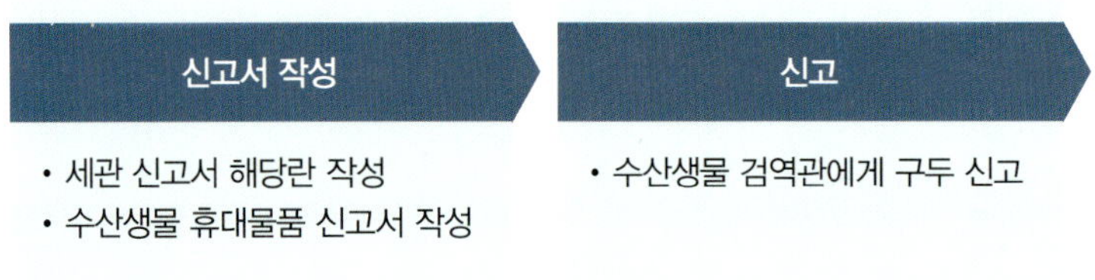

신고 방법

3. 공항별 출입국 정보[1]

1) 대한민국

여권 규정 : 여권 대용 서류

여권 대용 서류에는 UN이 발급한 통행허가증(Laisesez-passer), 유엔군 신분증명서(UN Military ID Card), 독일 어린이 여권 대용 서류(Kinderausweis), 여행증명서가 있다.

비자 규정 : 비자가 필요 없는 승객

대한민국 국적자, UN이 발급한 통행허가증(Laisesez-passer) 소지자, 외국인 등록증과 재입국 허가서 소지자, 비자 면제 협정국 국민은 비자가 필요 없다.

검역

검역의 경우 콜레라, 황열, 페스트 오염 지역(동남아시아, 중동, 아프리카, 라틴아메리카)으로부터 입국하는 승객과 승무원은 검역 신고서를 작성한 후 입국 시 제출해야 한다.

---

1 출처 : 항공객실서비스 NCS 모듈(국가직무능력표준 NCS, www.ncs.go.kr)

세관 신고

모든 여행자는 여행자 휴대품 신고서를 제출한다. 1인당 면세 허용품목은 해외 취득 미화 600달러 미만, 주류 1*l*, 담배 200개비, 향수 60m*l* 등이다.

2) 미국

여권 규정 : 여권 대용 서류

- 유효한 영주권 소지자 : 미국 이외의 지역에서 1년 이상 체류하면 무효, 여권상 임시 영주권 스탬프(Stamp)가 있는 경우 Form I－551로 간주한다.
- 유효기간이 만료된 영주권 소지자 : Form I－327, I－1571, I－551, 여행증명서(Transportation Letter), 민간인(Civilian) 또는 군대 명령서(Military Travel Order) 소지자
- 기타 : Form I－512, 독일 ID 카드(Kinderausweis), NATO 군인 및 미군 ID 카드, 선원증명서(Seamanbook)

비자 규정 : 비자가 필요 없는 승객

미국 또는 캐나다 국적자, 미국 비자 면제 프로그램(U.S. VWPP; Visa Waiver Pilot Program) 조건하에 여행하는 승객은 비자가 필요 없다.

VWPP(Visa Waiver Pilot Program)

미국 출입국 관리(immigration) 규정에 의거하여 상기 협정을 맺은 국가의 국민이 미국 입국 시 비자 없이도 입국 가능하도록 한 단기 비자 면제 협정이다.

검역

모든 고기류, 동물, 과일, 채소, 나무 등 식물류의 지참을 금지한다. 검역 신고는 세관 신고서에 같이 작성한다.

세관 신고

모든 여행자는 세관 신고서를 제출한다. 1인당 면세 허용품목은 환승 승객의 경우 미화 200달러까지 면제, 여행객의 경우 100달러까지 면제되고, 주류 1*l*, 담배 200개비 등이다.

3) 일본

여권 규정 : 여권 대용 서류

일본 해외 공관에서 발행하는 일본인 국적증명서, 도항증명서, 일본 선원 서류, 일본 재입국 증명서, 미국 재입국 허가서, 한국 · 홍콩 · 싱가포르 여행증명서, 미군 신분증, UN이 발급한 통행허가증(Laisesez-passer) 등이다.

비자 규정 : 비자가 필요 없는 승객

일본 국적자, 비자 면제 협정 체결 국가의 국민(한국을 포함한 45개국) 등이다.

TWOV 규정

기항지 상륙 허가, 일반 승객의 통과 상륙 허가, 승무원 상륙 허가, 같은 항공편으로 당일 여행 확약 항공권 소지자 등이다.

검역

일본에 입국할 경우에는 어느 국가의 입국자이든 예방 접종을 할 필요가 없다. 그러나 동식물의 반입, 반출에 대해서는 몇 가지의 규제사항이 있으므로 사전에 농림수산성이 운영하는 관련 사이트에서 확인하는 것이 좋다.

세관 신고

모든 여행자는 세관 신고서를 제출한다. 신고 대상 물품은 구두 또는 문서로 신고한다. 1인당 면세 허용물품은 해외 취득 20만 엔 미만, 주류 3병, 담배 400개비, 향수 2온스 등이다.

4) 중국

여권 규정 : 여권 대용 서류

중국 해외 공관에서 발행하는 중국인 국적증명서, 중국 재입국 허가서, 마카오 타이완 여행증명서, 선원수첩 소지자, 국제 여행서류, UN에서 발급한 피난민 여행서류 등이다.

비자 규정 : 비자가 필요 없는 승객

중국 국적자, 재입국 허가서 소지자, 기타 여권 대용 가능 서류 소지자 등이다.

TWOV 규정

여권에 명시된 도착지에 도착, 한국 · 일본 · 미국 등 국가의 국민은 예약이 확약된 항공권과 제3국 여행서류 구비 시 상하이에서 48시간 체류가 가능하며, 계속 여행을 하기 위한 제3국 입국서류 소지자, 24시간 이내 같은 편 또는 첫 연결 편 예약 확약 항공권 소지자 등이다.

검역

검역 신고서를 작성한다. 중문, 영문 양면으로 되어 있으며 한 면만 작성하면 된다.

세관 신고

자율신고제로 변경됨에 따라 신고 물품이 있는 경우에만 세관 신고서를 작성한다. 세관 신고서는 가족당 1부를 작성하고 1인당 면세 허용물품은 해외 취득 2,000위안 미만, 주류 1*l*, 담배 400개비 등이다.

02

Gate 도착 후 승무원의 업무

Duties of Cabin Crew Upon Arrival at the Gate

수행 준거

- 객실 서비스 규정에 따라 승객 하기 시 감사하는 마음으로 하기 인사를 실시할 수 있다.
- 객실 서비스 규정에 따라 지상 직원에게 여객 및 화물 운송 관련 서류(Ship Pouch)를 인계하고, 중요 승객이나 특별 승객에 대한 정보를 구두로 먼저 알려 줄 수 있다.
- 객실 서비스 규정에 의해 승객의 짐 운반 등을 적극적으로 도울 수 있다.

1. 항공기 Door 개방

항공기가 주기장에 도착해 완전히 정지한 후, 객실 사무장(캐빈 매니저)의 PA를 통한 지시에 따라 Slide Mode를 정상위치(Disarmed Position)로 변경하고 All Attendant Call에 응답한다.

☞ 이때 탑승교(Brigde)나 스텝 카(Step Car)가 항공기 외부에 연결되기 시작한다.

예) 대한항공(KE)

- 사무장(캐빈 매니저) : Cabin Crew … Door Side Stand-by … Safety Check!
- 모든 승무원 : Slide Mode를 정상위치(Disarmed Position)로 변경한다.
- 사무장(캐빈 매니저) : 모든 승무원에게 All Call을 한다.
- 모든 승무원 : All Call이 오면 인터폰을 들고 제일 뒤편 승무원부터 이상 유무를 보고한다. (예, L5 이상 없습니다. … L4 이상 없습니다. …)

기내 조명을 Full Bright로 변경해 승객 하기가 원활하도록 돕는다. Door를

© Getty Images Bank

Slide Mode 정상위치 Door

© Getty Images Bank

© Getty Images Bank

항공기 연결 전 탑승교(위), 항공기 연결 후 탑승교(아래)

열기 전에 객실 사무장은 전 Door의 Slide Mode 정상위치 확인, 장애물 유무, Fasten Seatbelt Sign Off를 확인한 후, 항공기 외부에서 대기 중인 지상 직원에게 Door를 열어도 된다는 수신호를 보낸다. 항공기 Door는 Slide의 오작동을 방지하기 위해 비상사태를 제외하고는 항공기 외부에서 지상 직원이 열도록 규정되어 있다.

☞ 단. 소형 기종인 B737은 객실 승무원이 객실에서 직접 Door를 연다.

항공기 Door가 열리면 객실 사무장은 지상 직원에게 Ship Pouch를 인계하고 SSR을 참고하여 VIP, CIP 승객이나 비동반 소아, 장애인 승객, TWOV와 같은 운송 제한 승객이나 Special Passenger에 대한 정보 등을 전달하고, 검역 또는 세관의 하기 허가가 필요한지 확인한다. 지상 직원에게 구두로 인수인계하는 과정에서 주변 승객에게 중요 사항이 노출되지 않도록 주의하며, 승객 하기가 지연되지 않도록 신속하고 정확하게 인수인계한다.

항공기 Door Open 원칙

- B747-400, B777, A380, A330 등의 기종은 항공기 외부에서 Open
- B737 기종은 항공기 내부에서 Open

B737 기종 : 승무원이 직접 Door Open

Door Open을 위해 수신호를 주고받는 직원

항공기 도착 후 승무원의 업무 절차 정리

시점별 업무 세부사항	
항공기 도착	항공기가 주기장에 완전히 도착해 멈춘 후 Fasten Seatbelt Sign이 꺼졌는지 확인한다.
Slide Mode 변경 (정상위치로)	사무장(캐빈 매니저)의 지시에 맞춰 모든 승무원은 각자의 비상구 Door Mode를 '정상위치'로 변경한 후 보고한다.
Door Open	사무장(캐빈 매니저)은 탑승교(Brigde)나 스텝 카(Step Car)가 항공기 외부에 완전히 연결되었는지 육안으로 확인한다.
	사무장(캐빈 매니저)은 모든 Door의 Slide Mode 정상위치, 장애물 유무, Fasten Seatbelt Sign Off 확인 후, 항공기 외부에서 대기 중인 지상 직원에게 Door를 열어도 된다는 수신호를 보낸다.
	소형 기종은 직접 Open한다.
지상 직원에게 Ship Pouch 인계	Ship Pouch 인계와 함께 VIP, CIP 승객, 비동반 소아, 장애인 승객, TWOV와 같은 운송 제한 승객이나 Special Passenger에 대한 정보 등을 구두로 전달한다.
승객 하기	승객 하기 순서에 의거하여 승객을 하기시킨다.

항공기 내부에서 Door Open을 하는 경우

- 외부에 직원이 있으나 Door Open을 하지 못하거나 할 수 없는 경우
- 외부에 Door Open 직원이 없고, 일반적이지 않은 특정 상황에 의해 Door를 반드시 Open해야 하는 경우
- B737 기종의 경우

2. Ship Pouch 인계

Ship Pouch란 여객 및 화물 운송과 관련된 서류를 의미하며, G/D, P/M, C/M, 기내 우편물, 승객 제언 서신, 귀국편 사전 주문서, TWOV, 추방자의 여권서류 등이다.

승객 우편(Passenger Mail)

승객 우편은 기내에 탑승한 승객이 요청할 때에 한하여 제공한다. 편지봉투나 엽서는 기내 서비스 용품으로, 사용한 승객에 한하여 항공사가 비용을 지불한다. 승객의 우편물이 분실되지 않도록 유의하며, 취급 및 관리는 사무장이 책임진다.

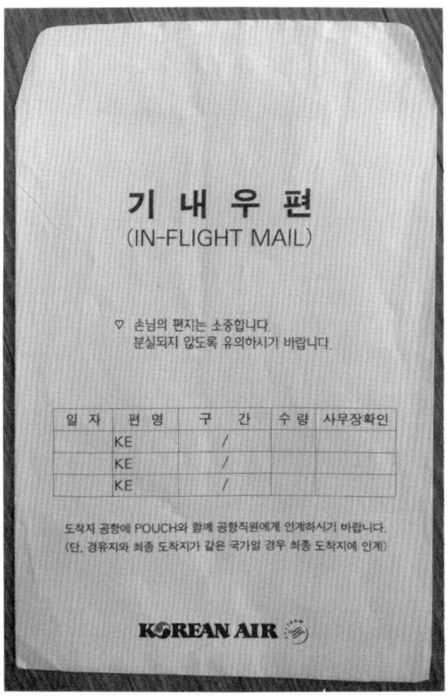

기내 우편 봉투

승객 제언 서신(Suggestion Letter)

서비스와 관련하여 비행 중 승객에게서 받은 평가 서신으로 접수된 승객 제언 서신은 사무장이 관리하고 책임을 지며, 훼손 또는 분실되지 않도록 유의하고 임의로 개봉해 보지 않는다.

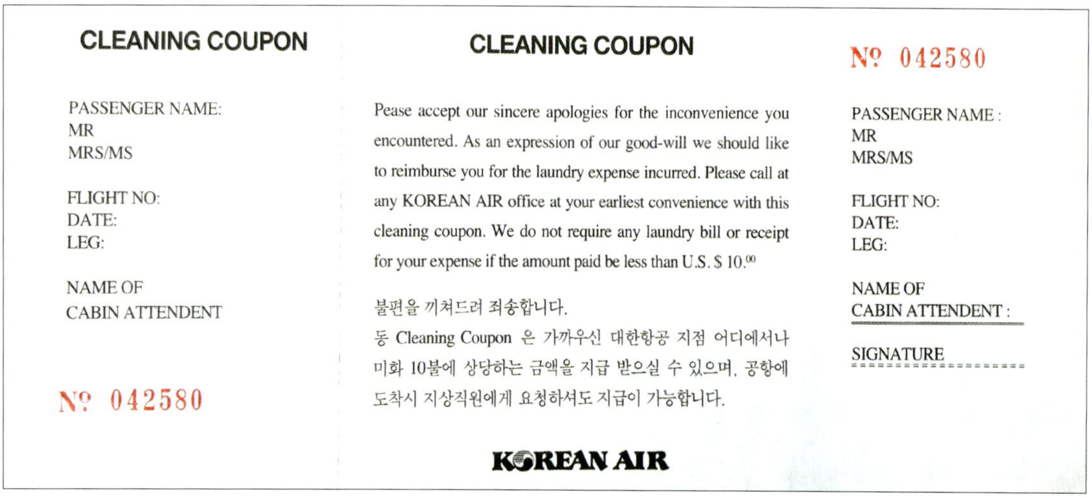

CLEANING COUPON

PASSENGER NAME:
MR
MRS/MS

FLIGHT NO:
DATE:
LEG:

NAME OF
CABIN ATTENDENT

№ 042580

CLEANING COUPON

Pease accept our sincere apologies for the inconvenience you encountered. As an expression of our good-will we should like to reimburse you for the laundry expense incurred. Please call at any KOREAN AIR office at your earliest convenience with this cleaning coupon. We do not require any laundry bill or receipt for your expense if the amount paid be less than U.S. $ 10.00

불편을 끼쳐드려 죄송합니다.
동 Cleaning Coupon 은 가까우신 대한항공 지점 어디에서나 미화 10불에 상당하는 금액을 지급 받으실 수 있으며, 공항에 도착시 지상직원에게 요청하셔도 지급이 가능합니다.

KOREAN AIR

№ 042580

PASSENGER NAME :
MR
MRS/MS

FLIGHT NO:
DATE:
LEG:

NAME OF
CABIN ATTENDENT :

SIGNATURE

클리닝 쿠폰

클리닝 쿠폰(Cleaning Coupon)

승무원의 실수나 갑작스러운 기류변화로 승객의 의복이 오염, 훼손되었을 때 제공하는 세탁 쿠폰으로 승객의 성명, 편명, 일시, 비행구간 등을 기입하고 서명을 받는다. 공항에 도착하기 전에 기장의 협조로 지상 직원에게 클리닝 쿠폰 발급 승객의 성명, 발급 매수를 알린다. 그리고 승객 하기 시 도착지 지상 직원에게 승객을 인계하면서 클리닝 쿠폰 발급 사실을 알려 세탁비 지급 및 환승 안내 등이 이루어질 수 있도록 한다.

G/D(General Declaration)

항공편의 일반사항, 승무원 명단, 승객 명단 등이 수록된 서류로, 항공기가 입·출항 허가를 받기 위해 모든 관계 기관에 제출해야 하는 서류이다.

P/M(Passenger Manifest)

승객의 이름 및 좌석번호, 특이사항이 기입된 서류이다.

C/M(Cargo Manifest)

항공기에 탑재된 화물에 대한 적하 목록이다. 화물의 개수, 중량, 품목 등을 자세히 기재한 서류이다.

(제출용)

- 아래의 주문방식 중 한가지를 선택하여 작성 후 승무원에게 제출 하시기 바랍니다.
  Please check the one of the boxes, fill out the information below and submit it to the Cabin Crew.

☑ **기내 주문** (In-Flight Order)

좌석번호 Seat No	

☑ **예약 주문** (Pre-Order)

- 예약 주문에 체크하시는 분은 아래 사항을 기입해 주시기 바랍니다.
  If you would like to pre-order, please fill out the form below.

☐ 필수기입 Mandatory

성명 Name	국문 (Korean)			스카이패스 회원 번호 SKYPASS No.			
	영문 (English)						
생년월일 Date of Birth				연락처 Telephone No.			
탑승일 (현지 출발일 기준) Return Date	년 (Year)	월 (Month)	일 (Day)	탑승편명 Flight No.	KE	전달 희망 구간 Portion	→

- 기내 면세품을 예약 주문하신 대한항공 스카이패스 회원께는 기내 면세품 포인트를 적립하여 드립니다. 기내 면세품 포인트는 스카이패스 회원 가입 신청서 접수일 이후부터 적립됩니다. 고객님의 개인정보는 기내 면세품 포인트 적립 및 기내 면세품 판매 서비스를 제공하기 위한 용도로만 사용됩니다. (동의 여부를 체크해 주시기 바랍니다.) 예☐ 아니오☐
- In-flight shopping points will only be offered to SKYPASS members who used pre-order services. Points will only be accumulated after your application of SKYPASS membership is accepted. Your personal data will not be used for any other purposes besides accumulating your in-flight shopping points and managing customer relationships by Korean Air.
  Please check for agreement. Yes☐ No☐

- 탑승일정은 변경시 48시간 전에 연락 주시기 바랍니다.
  If you change your flight schedule, please let us know 48 hours prior to the departure time.
- 기내판매 품목 및 가격은 상품을 전달 받으시는 시점 기준으로 적용됨을 참고 하시기 바랍니다.
  The price of the items will be applicable at the time of delivery.
- 만 19세 미만은 주류를 구매하실 수 없습니다.
  Liquor is not available to passengers under the age of 19 for entering Korea.

품목 번호 Item No.	품 명 Item Description	주문수량 Order Quantity

☞ 도착지 공항에서 다른 비행 편으로 환승하십니까? (국내선으로 환승하는 경우 포함) 예☐ 아니오☐
Are you going to transfer to another flight? (Including domestic flight) Yes☐ No☐

접수자(Receiver)	편명/접수일자(FLT No./Date)

- 세관 신고 필요시간 부족으로 주문 상품이 탑재되지 않을 수도 있음을 안내해 드림 ☐
  Informed that pre-ordered item may not be loaded due to lack of time for customs declaration. ☐
- 기내 판매 품목 및 가격은 상품을 전달 받으시는 시점 기준으로 적용됨을 안내해 드림 ☐
  Informed that product price may be adjusted at the time of purchase. ☐

귀국편 사전 주문서

상용 고객 신청서

항공사 회원가입 신청서이다.

귀국편 사전 주문서

기내 면세품을 귀국편에 구입할 수 있도록 한 제도이다. 주문서는 기내에 비치되어 있으며, 주문서 작성은 귀국편이 현지에 도착한 후 72시간 이후에 출발하는 항공편에 한하여 가능하다.

TWOV(Transit without Visa)

TWOV 승객은 통과 비자 없이 해당 국가를 통과하는 승객이다. 객실 사무장은 출발지 공항의 지상 직원으로부터 인계받은 TWOV 승객의 여권, 항공권, 입국카드를 목적지 도착 후 도착지 공항의 지상 직원에게 인계한다.

3. 승객 하기 시 인사

항공기 Door가 열리고 승객의 하기가 시작되면 객실 승무원은 탑승구 주변 및 담당 구역에서 승객에게 하기 인사를 실시한다. 항공사를 이용해 주심에 대한 감사의 마음과 다음에 다시 만나기를 기대하는 마음을 담아, 밝고 기분 좋게 인사할 수 있도록 노력한다. 또한 하기 인사는 승객과의 마지막 소통이므로 유종의 미를 거둘 수 있도록 진심 어린 마음으로 인사를 한다.

1) 인사의 중요성

인사는 사람이 해야 하는 가장 기본적인 예절이자 서비스인에게는 매우 중요한 매너이다. 또한 인간관계를 여는 첫 신호이자 반가움에 대한 마음, 헤어짐에 대한 아쉬움, 감사한 마음이나 죄송한 마음 등을 표현할 수 있는 외적 표현이다. 존경과 친절을 나타내는 형식이며, 만남에서 상대방이 느낄 수 있는 첫 번째 감동이다.

객실 승무원에게 있어 인사는 승객에게 항공사의 좋은 이미지를 전달할 수 있는 중요한 기회인 동시에 자기 자신의 마음가짐을 표현하는 방법이므로 친절하고 적극적으로 인사한다. 무엇보다 승객과 첫 만남이 이루어지는 승객 탑승

© Sorbis / Shutterstock.com

탑승구 주변에서 인사하는 승무원

시점에 승무원의 밝고 친절한 인사는 승객에게 여행에 대한 기대감을 선사할 수 있다.

또한 비행을 마치고 항공기에서 내리는 승객에게 건네는 따듯한 감사의 인사 한마디가 또다시 항공사를 찾게 만드는 동기가 되기도 한다. 승객뿐 아니라 동료와 가족 간에 주고받는 인사만 해도 하루에 수십 번은 될 것이며, 인사는 인간관계에서 호감을 사는 데 더없이 중요한 역할을 한다.

2) 인사의 기본자세

- 밝고 환한 표정으로 미소를 짓는다.
- 눈은 상대방을 바라본다.
- 턱을 안으로 당기되 고개를 숙이지 않는다.
- 허리와 어깨를 펴고 당당하게 선다.
- 양 무릎을 맞닿게 붙인다.
- 여자는 왼손 위에 오른손을 올린 공수자세를 하고, 남자는 차려자세로 팔을 자연스럽게 내리고 손은 계란을 살짝 쥔 느낌으로 주먹을 쥔다.
- 발뒤꿈치를 서로 붙이고, 앞 양발의 각도는 여성은 15도, 남성은 30도 정도로 벌려 준다.

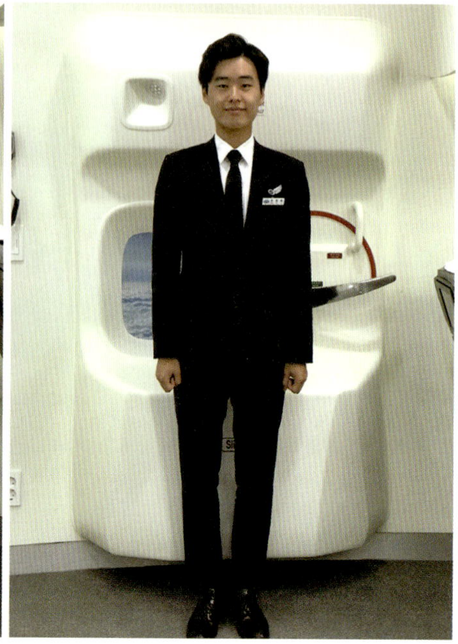

잘못된 인사	올바른 인사
망설이다 하는 인사	인사는 내가 먼저
고개만 까딱하는 인사	표정은 밝게
무표정한 인사	상대방의 눈을 바라보며
눈맞춤이 없는 인사	밝은 목소리의 인사말
말로만 하는 인사	허리를 굽혀서
너무 큰 목소리로 하는 인사	인사를 잘 받아 주기

3) 인사의 종류

목례(15도 인사)

- 목례는 15도 인사라고도 부르며, 일명 눈인사로 잘 알려진 인사이다.
- 길 또는 복도에서 사람을 만날 때 자주 하는 인사법이다.
- 앉아 있거나 서 있을 때 또는 걸어갈 때 바로 그 자세에서 상체를 굽히지 않고 눈으로 예를 표해 부드러운 표정을 지으며 가볍게 머리만 숙인다.
- 목례라고 해서 고개만 까딱하는 인사로 오인해서는 안 된다. 경우에 따라 상사에게는 일어서서 목례로 경의를 표하는 경우도 있다.
- 불편한 장소에서 누군가와 마주쳐 정중하게 인사하기가 곤란한 경우, 목례

를 한다. 예를 들어 화장실이나 식당 같은 곳에서 인사를 해야 할 경우, 큰소리로 인사를 한다면 상대방과 사람들에게 민폐가 될 것이다.

보통례(30도 인사)

- 가장 일반적인 인사법으로 윗사람이나 손님에게 하는 인사가 보통례이다.
- 보통례를 할 때에는 2~5m가량 거리를 두고 해야 하며, 상대에게 지나치게 바싹 다가서면 가는 길을 방해하게 되어 좋지 않다.
- 상체를 30도 정도 숙여 그 자세에서 2~3초 정도 머문 후 고개를 든다. 이때 남자는 팔과 손을 바지 재봉선에 붙이고, 여자는 앞으로 두 손을 모으면서(공수자세) 고개를 숙인다.
- 숙인 상체는 상대방이 답례를 하고 난 뒤에 한 호흡 정도의 간격을 두고 천천히 일으킨다.

정중례(45도 인사)

- 정중례는 격식 있는 인사의 기본이 되는 인사이다.
- 상견례 장소나 아주 큰 어른을 만났을 때나 엄숙한 장소에서 가장 많이 사용되는 인사법이다.
- 손님과의 첫 대면에서 정중례로 인사하는 경우가 많고 감사, 사과, 맞이, 배웅 등을 할 때에도 정중례를 한다.

4) 인사의 5단계

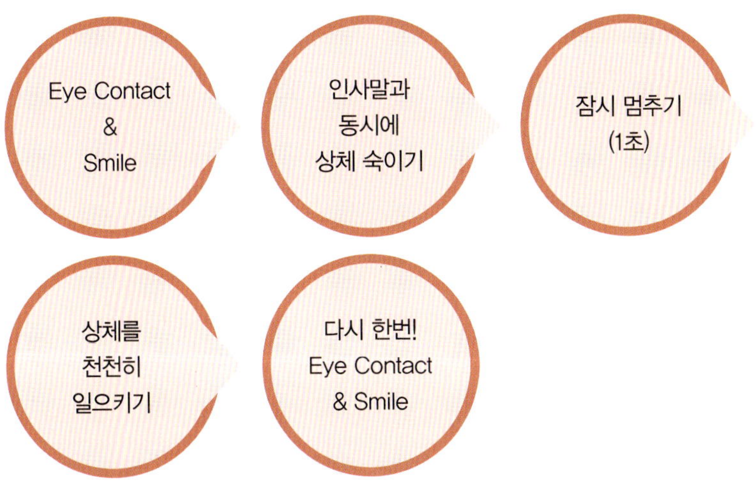

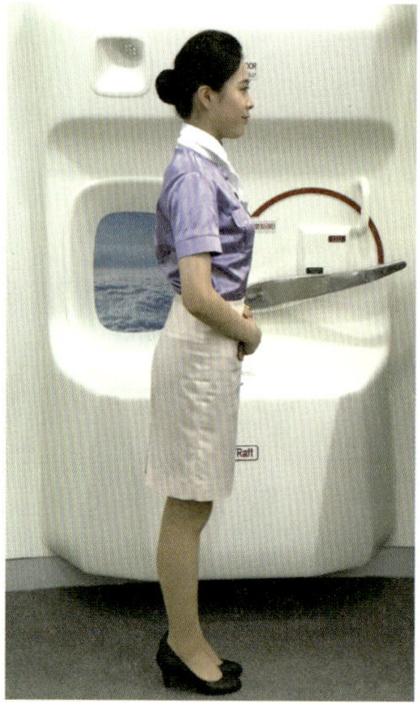

대기 자세

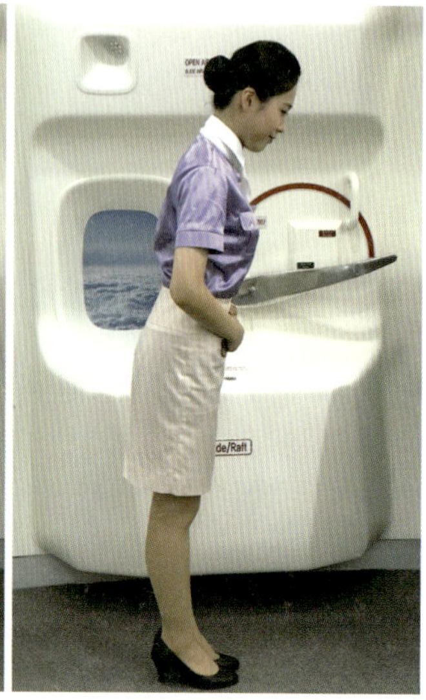

목례

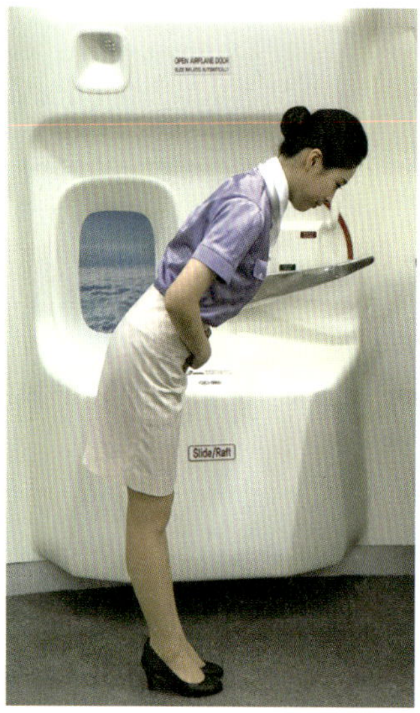

보통례

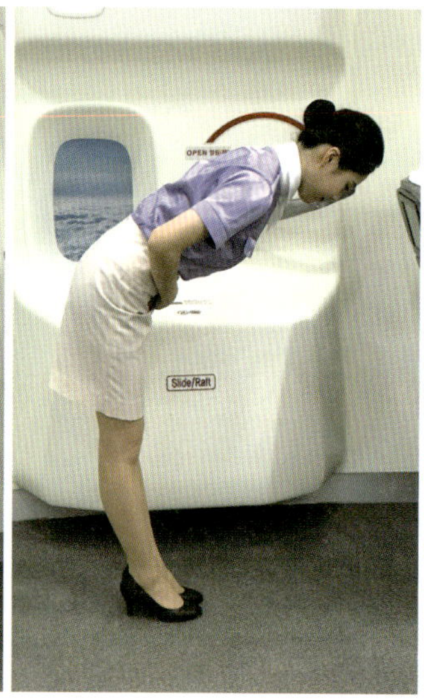

정중례

1단계(Eye Contact & Smile)

대기 자세를 취함과 동시에 상대방을 바라보고 미소를 짓는다.

2단계

인사말을 건네며 상체를 천천히 숙인다. 이때 목, 등, 허리가 일직선으로 내려가야 한다.

대기 자세

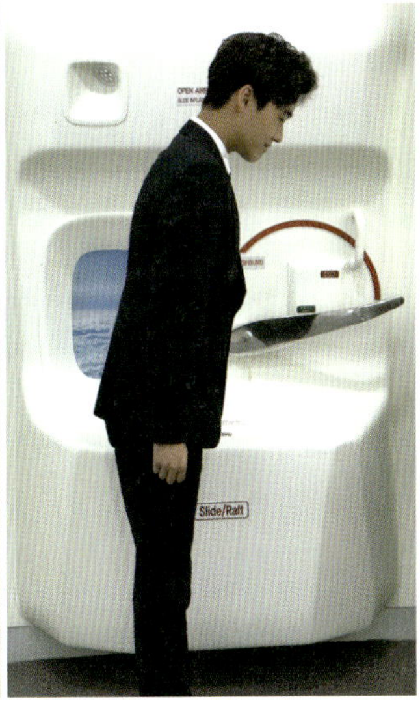

목례

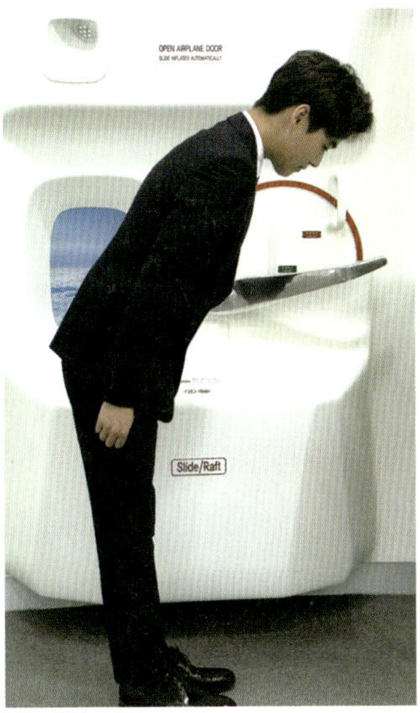

보통례

정중례

3단계

상체를 숙이고 인사를 한 후 바로 상체를 들어 올리지 않고 1초 정도 멈춘다.

4단계

멈춤 동작 후, 상체를 바로 세울 때에는 숙일 때보다 조금 더 천천히 '하나, 둘, 셋'을 세며 상체를 들어 허리를 곧게 세운다.

5단계(Eye Contact & Smile)

다시 한번 미소를 띤 채 상대방의 눈을 바라본다.

5) 인사예절 체크포인트[1]

체크포인트	예	아니오	비고
나는 항상 밝고 명랑한 어조로 정중하게 인사하는가?			
나는 손을 주머니에 넣거나 팔짱을 끼고 인사하는가?			
나는 고객만 까딱 숙이는 인사를 하고 있는가?			
나는 너무 지나친 인사를 하여 상대방을 무안하게 하기도 하는가?			
나는 평소에는 인사하지 않고 아쉬울 때만 인사하는가?			
나는 형식적인 겉치레로 인사할 때가 많은가?			
나는 상대방의 신상 변화 등을 고려하여 인사말을 적절히 바꾸는가?			
나는 인사를 시작하고 끝낼 때 인사의 각도, 몸가짐, 시선, 속도를 알맞게 하고 있는가?			
나는 상대방이 나를 알아보지 못해도 먼저 인사하는가?			
나는 먼저 인사를 했으나 답례가 없을 때 다시 인사하는가?			

6) 인사말 연습

상황에 따른 적절한 인사말은 상대를 향한 자신의 마음을 표현할 수 있는 중요한 수단이 될 수 있다. 승객 하기 시 객실 승무원은 감사의 마음을 담아 진심 어린 인사말을 할 수 있도록 노력한다. 여러 명의 승객이 한꺼번에 하기하다 보면 자칫 같은 인사말을 기계적으로 할 수 있으므로, 다양한 인사말을 연습해 본다.

특히 다양한 국적의 승객에게 자국의 언어로 인사말을 건넨다면 더 친밀하고 특별한 감동을 선사할 수 있다.

인사말 예시	
감사합니다. 안녕히 가십시오.	감사합니다. 또 뵙겠습니다.
행복한 하루 보내십시오.	즐거운 여행이 되시길 바랍니다.

1 출처 : 고객만족경영(CSM)을 위한 서비스 네비게이션(2010년, 아카데미아)

편안한 저녁 시간 되시기 바랍니다.	조심해서 들어가시기 바랍니다.
계단이 미끄럽습니다. 조심하십시오.	빗길 운전 조심하시기 바랍니다.
새해 복 많이 받으십시오.	풍성한 한가위 보내십시오.
즐거운 성탄 보내시기 바랍니다.	추운 날씨에 감기 조심하십시오.
행복한 설 명절 보내시기 바랍니다.	이용해 주셔서 감사합니다.

나라별 인사말	
미국	Thank you, Good bye
중국	谢谢(셰셰), 再见(자이지엔)
일본	ありがとうございました(아리가토고자이마시타), さようなら(사요나라)
독일	Danke(당케), Auf Wiedersehen(아우프 비더젠)
프랑스	Merci(메르시), Au revoir(오르브아)
이탈리아	Grazie(그라치에), Arrivederci(아리베데르치)
스페인	Gracias(그라시아스), Adiós(아디오스)

4. 승객의 보관 의뢰 물품 반환

비행 중 승객으로부터 보관을 요청받은 휴대 수하물은 항공기가 완전히 멈춘 후 승객에게 돌려준다. 이때 보관 시 Hanger Tag에 적어 두었던 승객의 좌석번호를 확인해 본인임을 확인한 후 돌려준다.

도움이 필요한 승객의 경우 휴대 수하물 정리를 적극적으로 도와드리며, 짐이 많은 승객이나 운송 제한 승객 등 승무원의 도움이 필요한 승객은 하기 시 적극 협조한다.

1) 승객 휴대 수하물 보관

- 기내 반입 휴대 수하물은 오버헤드 빈(Overhead Bin), 코트룸(Coatroom) 또는 고정장치(Restraint Bar)가 설치된 좌석 밑에 보관해야 한다.
- 휴대 수하물은 승객이 직접 관리해야 하며 항공사는 분실이나 파손에 대해 책임을 지지 않는다.
- 객실 승무원은 승객이 짐을 적정 장소에 보관할 수 있도록 안내하며, 외견상 도움이 필요하다고 판단되는 승객이나 도움을 요청하는 승객에게는 짐을 오버헤드 빈에 올리거나 옮기는 등의 직접적인 도움을 제공한다.

코트룸

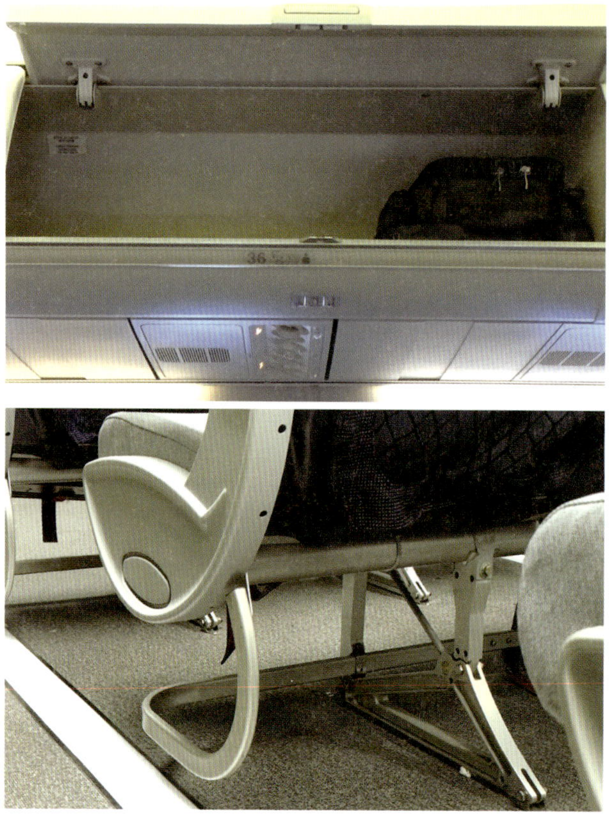

오버헤드 빈(위), 좌석 하단(아래)

- 오버헤드 빈에서 물품이 떨어져 승객이 상해를 입지 않도록 휴대 수하물의 보관 상태를 철저히 확인해야 한다.

2) 승객 보관 의뢰 물품 반환

- 일반적으로는 Approaching Signal 후, 재킷과 코트 등의 보관 의뢰 물품(휴대 수하물 제외)을 반환한다.
- 일등석의 경우, 취침 승객이나 의류를 '나중에' 돌려 달라는 승객에게는 '항공기가 완전히 멈춘 후'에 돌려드려야 함을 안내한 후 승객의 의류 반환 요청 시점에 따라 조치한다.
- 비즈니스석의 경우, 취침 승객은 Landing Signal 전까지 돌려드린다.
- 항공기 도착 전에 클래스 또는 담당 구역(Zone)별 선임 승무원이 주관하는 갤리 브리핑(Galley Briefing)에 참석하여 승객 보관 물품 반환 여부를 확인

한다.

☞ 갤리 브리핑은 단거리 노선에서는 'Approaching Signal' 직후에, 중/장거리 노선에서는 '기장 도착 방송' 직후에 실시한다.

- Landing Signal 후, 객실 사무장은 승객 보관 의뢰 물품 반환 여부를 다시 한 번 확인한다.

3) 승객 짐/의류 관련 유의사항

- 승객 탑승 시, 객실 승무원은 승객이 적정 장소에 짐을 보관할 수 있도록 적극적으로 안내한다.
- 승무원이 승객의 물품을 보관하게 될 경우, 담당 승무원들은 승객 보관 의류와 수하물의 위치를 상호 확인한다.
- 장애인, 노약자, 유 · 소아 동반 승객 등 승무원의 도움이 필요한 승객이나 도움을 요청하는 승객의 경우에는 짐의 운반과 보관을 도와드리도록 한다.
- 오버헤드 빈에 짐을 올리는 일은 승객 본인이 하는 것을 원칙으로 하나(승무원 재해 예방 차원), 불가피한 경우에는 승무원이 혼자 하지 않고 가급적 해당 승객이나 주위에 있는 승무원의 도움을 받아 함께 올리도록 한다.
- 객실 승무원은 승객의 짐이 안전하게 보관되었는지의 여부 및 오버헤드 빈의 닫힘 상태를 최종 확인한다.

03

공항 도착 후 입국 순서

Immigration Order Upon Arrival at the Airport

1. 승객이 목적지 공항 도착 후 입국하는 순서

1
항공기에서
승객 하기

© BraunS / iStock.com

2
검역 심사
(Quarantine)

© annamoskvina / iStock.com

3
입국 심사
(Immigration)

© Getty Images Bank

4
위탁 수하물 수취

© FG Trade / iStock.com

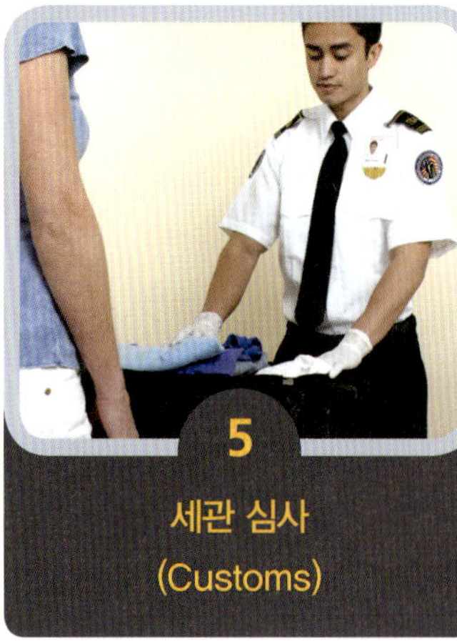

5
세관 심사
(Customs)

© gchutka / iStock.com

6
입국

© andresr / iStock.com

2. 승객이 환승 공항 도착 후 입국하는 순서

국제선 도착 후 국제선 환승

항공기 하기 → 환승 항공사 확인 → 보안 검색 → 환승 카운터 → 게이트 → 항공기 탑승

국제선 도착 후 국내선 환승

항공기 하기 → 검역(Quarantine) → 입국 심사(Immigration) → 위탁 수하물 수취 → 세관 심사(Customs) → 입국 → 국내선 수속

국내선 도착 후 국제선 환승

국제선 출국을 위한 수속(위탁 수하물 자동 연결)

현장 사례

사례 내용

지난 비행에서 승무원에게 맡긴 귀중품이 쓰레기통에 버려진 황당하고 기분 나쁜 경험을 한 승객입니다. 기내 탑승을 했을 때 한 승무원이 외투를 보관해 주겠다고 해서 외투를 맡기고, 잠시 후 다른 승무원에게 선물 케이스를 외투와 함께 보관해 달라고 요청했습니다. 약 2시간 후 기내 면세점에서 구입한 물건을 아까 맡겨 두었던 외투, 선물과 함께 보관해 달라고 하자, 잠시 후 승무원들이 아무도 선물은 못 받았다고 했습니다. 그로부터 한참 뒤 승무원이 저를 일등석으로 안내하여 가 보니, 사무장과 승무원이 저를 기다리고 있었습니다.

제가 맡긴 물건을 쓰레기통에서 찾았다며 망가진 선물 케이스를 보여 주었습니다. 제가 맡아 달라는 물건을 중국 승무원이 잘못 알아듣고 쓰레기통에 버렸으며 그 뒤 다른 승무원이 쓰레기통에서 발견했는데 이미 선물 케이스가 망가졌다고 했습니다. 승무원들이 초콜릿 케이스로 선물 케이스를 만들어 주었지만, 정말 어이가 없었습니다. 어떻게 승객이 맡긴 물건을 쓰레기통에 버릴 수 있는지 이해가 되지 않습니다.

발생 원인

- 승객이 보관해 달라는 요청을 잘못 이해하여 승객의 물건을 쓰레기통에 버렸음
- 승객이 보관을 의뢰한 내용에 대해 모든 승무원들이 모른다고 하며 관심을 기울이지 않았음
- 승객의 물품 보관 및 보관 물품 반환 여부에 대한 정보 공유가 원활히 이루어지지 않았음

해결 방안

- 고객의 요청사항을 정확히 숙지하고 이행해야 함
- 고객 주변에 보관 장소가 없어 불가피하게 다른 장소에 보관해야만 하는 경우, 해당 장소에 대한 안내와 도움을 드려야 함
- 승무원이 바쁜 상황일지라도 고객이 요청한 내용에 대해서는 적절히 응대하여 다시 한번 확인하는 기본 업무를 반드시 수행해야 함
- 항공기 도착 전에 갤리 브리핑을 실시하여 승객 보관 물품 반환 여부를 확인해야 함
- 객실 사무장은 고객 보관 물품에 대한 반환을 Landing Signal 이후 재차 확인하는 절차를 수행해야 함

잠깐! 점검해 볼까요?

01

공항 규정에 따른 하기 지원

1. CIQ가 무엇인지 설명해 보시오.
2. 도착 공항에 따라 세관 및 검역에 필요한 서류가 무엇인지 안내해 보시오.

02

Gate 도착 후 승무원의 업무

1. 항공기 Door를 열고 지상 직원에게 Ship Pouch를 인계해 보시오.
2. 주요 승객 및 특별 승객에 대한 정보를 구두로 전달해 보시오.
3. 인사의 5단계를 연습해 보시오.
4. 다양한 하기 인사말과 함께 인사 5단계를 연습해 보시오.
5. 승객의 휴대 수하물을 보관하는 장소 및 유의사항을 설명해 보시오.
6. 승객 보관 물품을 승객에게 반환하는 시점을 설명하고 반환하는 방법을 실습해 보시오.

03

공항 도착 후 입국 순서

1. 승객이 목적지 공항 도착 후 입국하는 순서를 정리해 보시오.
   - 국제선 도착 후 국제선 환승
   - 국제선 도착 후 국내선 환승
   - 국내선 도착 후 국제선 환승
   - 국제선 도착 후 입국 순서

© Ugurhan Betin / iStock / Getty Images Plus

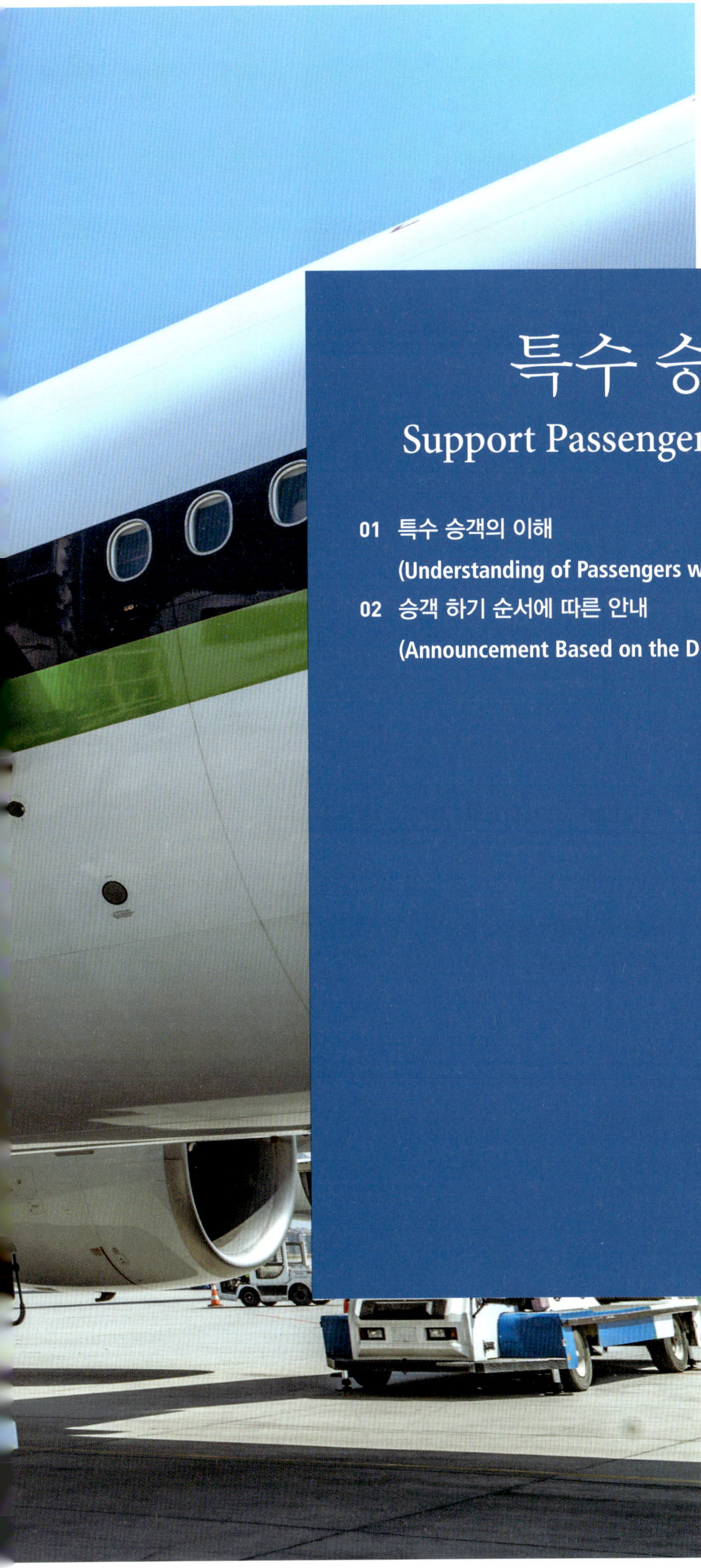

3

특수 승객 지원하기

Support Passengers with Special Needs

01

특수 승객의 이해

Understanding of Passengers with Special Needs

특수 승객이란 일반 승객과 달리 신체적, 정신적 상태가 불안정하여 항공기 탑승과 하기 시는 물론이고 기내에서도 승무원의 도움이 필요한 승객을 말한다. 전염병 환자, 정신 질환자, 심장 질환자, 생명위험 환자, 비동반 소아, Stretcher 환자, 임신부, 장애인, 추방자, 호송 죄수, 기내 업무 방해행위 승객, VIP/CIP까지 특수 승객의 범위를 포괄적으로 정할 수 있다.

1. 비동반 소아(Unaccompanied Minor : UM)

성인 동반자 없이 혼자 여행하는 어린이로 만 5세 이상부터 만 11세 이하(국내선은 만 13세 미만) 어린이 승객이다.

☞ 해당 규정은 항공사마다 상이하다.

객실 승무원은 보호자 없이 혼자 비행기에 탑승하는 어린이의 불안한 마음을 잘 이해하여 탑승 시점부터 비행 중, 하기할 때까지 세심한 관심과 도움을 제공해야 한다.

2. 스트레처(Stretcher) 환자

기내에서 앉은 자세로 여행할 수 없는 승객으로 여행 중 의사나 간호사가 1명 동반하는 것이 원칙이나 진단서(INCAD)에 의료진 동행이 불필요하다고 명기되어 있는 경우에는 성인 보호자만으로도 여행 가능하다.

환자의 기내 스트레처는 승객 좌석을 2개씩 3열(총 6석)을 사용하여 승객이 누울 수 있도록 설치한다. 승객의 프라이버시 보호와 다른 승객들에게 미치는 영향을 최소화하기 위해 주위에 커튼을 설치한다.

스트레처(Stretcher) 환자의 SSR(SHR)상의 코드 : STCR

3. 임신부 승객

임신 32주 미만

제한 없이 자유롭게 여행할 수 있다. 단, 임신성 고혈압, 당뇨 등 합병증이 있는 임신부는 탑승 수속 시 의사진단서 및 건강상태 서약서를 제출해야 한다.

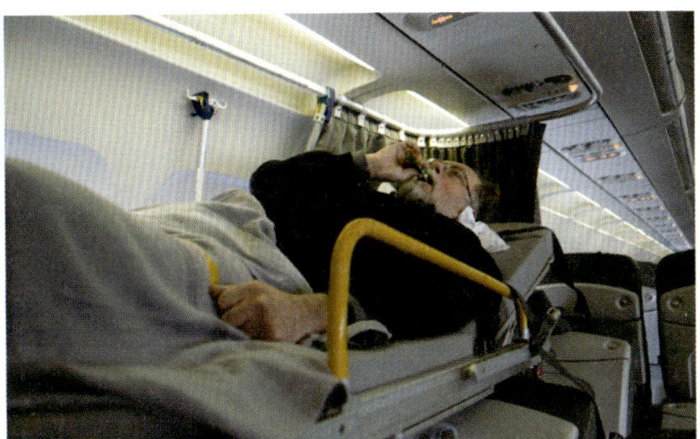

스트레처(Stretcher) 환자

임신부 승객

임신 32주 이상

- 32~36주 : 탑승 수속 시 건강상태 서약서를 제출해야 한다.
- 37주 이상(다태 임신 시 33주 이상) : 임신부와 태아의 건강을 위해 탑승할 수 없다.

4. 휠체어 승객

장애, 질병, 고령 등 신체와 건강상의 이유로 거동이 불편하고 긴급 사태 발생 시 타인의 도움 없이는 탈출이 곤란한 승객이다. 승객이 사용하는 휠체어는 탑승구에서 위탁 수하물로 맡기고 항공사에서 제공하는 휠체어를 이용하여 항공기 입구까지 이동할 수 있다.

또한 경우에 따라서는 기내용 휠체어(On-board Wheelchair)를 이용하여 기내에서도 휠체어 사용이 가능하다. 승객의 편의를 위해 일부 기종의 모든 통로 측 좌석을 우선 배정하며 일부 기종에서는 팔 받침대가 뒤로 젖혀져 이동이 용이한 장애인 좌석을 운영하고 있으므로 이를 안내한다. 위탁 수하물로 맡긴 승객의 휠체어는 항공기 Door 입구에서 인도받을 수 있다.

휠체어 승객의 SSR(SHR)상의 코드

- WCHC(Wheelchair for Cabin) : 혼자 힘으로 이동이 불가하며, 객실 안에서도 이동 시 도움이 필요한 승객
- WCHR(Wheelchair for Ramp) : 램프 이동 시 도움이 필요한 승객
- WCHS(Wheelchair for Steps) : 램프 및 계단 이동 시 도움이 필요한 승객

5. 청각장애 승객

승객 탑승 시 좌석을 안내하고 필요에 따라서는 짐을 들어드린다. 승객과 대화를 하거나 주문을 받을 때 너무 큰 목소리로 대화하여 다른 승객의 이목을 끌지 않도록 하며, 입 모양을 크고 정확히, 천천히 벌려 시각적으로 알아보기 쉽도록 한다.

> 청각장애 승객의 SSR(SHR)상의 코드 : DEAF

6. 시각장애 승객

승객 탑승 시 좌석을 안내하고 필요에 따라서는 짐을 들어드린다. 성인 승객 또는 맹도견이 동반하는 경우는 정상 승객과 동일하게 운송되지만 비동반 시각장애인의 경우는 운송 제한 승객으로 분류된다. 성인 동반자가 없는 경우 담당 승무원은 기내 시설물 사용법, 위치 및 기타 필요한 정보를 안내한다.

> 시각장애 승객의 SSR(SHR)상의 코드 : BLND

© Getty Images Bank

7. 추방자, 입국 거절 승객

추방자(Deportee : DEPO)는 입국했으나 범죄, 기타 사유로 관계 당국에 의해 강제로 추방된 승객을 말한다. 입국 거절 승객(Inadmissible : INAD)은 사증 미소지, 여권 유효기간 만료, 사증 목적 외 입국 등 입국 자격 결격 사유로 입국이 거절된 승객을 말한다.

8. 기내 업무 방해행위 승객

기내에서 폭언/폭행, 성추행/성희롱, 객실 흡연 등 승무원의 기내 업무를 방해한 승객을 일컫는다.

02

승객 하기 순서에 따른 안내

Announcement Based on the Disembarkation Order of Passengers

수행 준거

- 객실 서비스 규정에 따라 응급환자, VIP, F/C, C/C, Y/C, UM(비동반 소아), Stretcher(환자) 승객 순으로 신속히 하기가 이루어질 수 있도록 안내할 수 있다.
- 객실 서비스 규정에 따라 특수 고객을 위해 적극적으로 게이트(Gate)까지 지원할 수 있다.

객실 승무원은 승객의 하기 순서를 알고 적극적으로 안내할 수 있어야 한다. 또한 담당 승무원은 서로 정보를 공유하여 승객 하기에 신속하게 대응한다.

승객 하기 순서

응급환자 → VIP, CIP → 일등석 승객(F/C) → 비즈니스석 승객(C/C) → 비동반 소아(UM) → 일반석 승객(Y/C) → 제한 승객(휠체어, 장애인) → 스트레처(Stretcher) 승객

1. 응급환자 하기

- 기내에 응급환자가 있을 경우, 최우선으로 하기한다.
- 비행 중 발생한 응급환자에 관한 전반적인 응급처치 사항에 관하여 정확히 인지하고, 응급환자 이송을 위해 도착한 의료진에게 이 사항을 설명하며 응급환자를 하기시킨다.
- 응급의료 콜 시스템(Emergency Medical Call System : EMCS)을 이용하여 응

© BraunS / iStock.com

급처치 자문을 받은 경우, 자문을 받기 위해 파악한 승객의 건강상태, 응급 처치 사항 등을 작성하여 의료진에게 전달한다.

- Gate 도착 후 응급 의료진이 신속하게 탑승할 수 있도록 경우에 따라서는 기내 방송을 실시할 수 있다.
- 감염성 질환의 승객인 경우에는 해당 승객의 자리를 지상 직원에게 알려 준다.

2. VIP/CIP, F/C 승객 하기

- 지상 직원에게 Ship Pouch를 인계하면서 VIP/CIP에 관한 정보를 미리 알려 준다.
- 이때 주변 승객에게 정보가 유출되지 않도록 유의하며, 경우에 따라서는 지상 직원의 MAAS(Meet And Assist)가 잘 이루어질 수 있도록 돕는다.
- 일반적으로 VIP/CIP 승객은 일등석에 탑승하므로, VIP/CIP 승객에게만 특별한 대우를 한다고 느끼지 않도록 다른 일등석 승객에게도 정중하고 예의 바르게 하기 인사를 한다.
- SSR(Special Service Request)을 참조하여 승객의 호칭을 사용해 인사한다.
- VIP/CIP, 일등석 승객의 하기 시 담당 승무원 중 한 사람은 VIP/CIP, 일등석 승객 하기 후에 다른 승객의 하기가 이루어질 수 있도록 통로를 자연스럽

게 막고 대기한다.

- 하기 인사는 주변 승객에게 불쾌감을 주지 않도록 정중한 인사말로 한다.

3. C/C 승객 하기

- VIP/CIP, 일등석 승객의 하기가 끝나면, 막고 있던 통로를 열고 비즈니스석 승객에게 기다려 주신 것에 감사를 표하고 이와 함께 하기 인사를 한다.
- 비즈니스석 승객에게도 일등석 승객과 마찬가지로 승객의 호칭을 사용해 하기 인사를 한다.

4. 비동반 소아(UM) 승객 하기

- 비동반 소아의 좌석이 뒤쪽이라면 다른 승객에게 양해를 구하고 먼저 하기할 수 있도록 UM을 앞쪽으로 데리고 나온다.
- 응급환자와 VIP, CIP, F/C, C/C 승객의 하기가 이루어지는 동안 항공여행에 불편함이 없었는지 묻는 등 친근한 대화를 하고 지상 직원이 보호자에게 데려다줄 것임을 안내하여 UM 승객이 긴장하지 않도록 배려한다.
- UM 승객의 짐이나 필요 서류 및 UM 편지 등을 재차 확인하고 지상 직원에게 인계한다. 하기 인사 시 UM 승객의 이름을 부르며 친근하게 인사한다.

5. Y/C 승객 하기

- C/C 승객의 하기가 종료되면 막고 있던 통로를 자연스럽게 열고 일반석 승객의 하기를 돕는다.
- 다양하고 적절한 인사말과 함께 밝은 미소로 하기 인사를 한다.
- 유아 동반 승객은 적극적으로 돕는다.
- 입국서류, 음료 등의 주문이 있을 경우, 친절히 응대한다.
- 도움이 필요한 승객이 있을 경우, 적극적으로 도움을 주어 신속하게 하기가 진행될 수 있도록 한다.
- 도착 공항에 대한 질문에 적극적으로 답변한다.

6. 제한 승객(휠체어, 장애인) 하기

1) 휠체어 승객 하기

제한 승객별 하기 응대 요령	
WCHR (Wheelchair for Ramp)	• 담당 승무원이 승객의 휴대 수하물을 들어 준다. • 거동이 많이 불편하다면 승객을 부축하여 Door까지 안내한다. • Door 앞에서 대기 중인 지상 직원에게 인계하고 하기 인사를 한다.
WCHS (Wheelchair for Step)	• 담당 승무원이 승객의 휴대 수하물을 들어 준다. • 객실에서 이동 시 천천히 이동하여 승객이 불편감을 느끼지 않도록 한다. • Door 앞에서 대기 중인 지상 직원에게 인계하고 하기 인사를 한다.
WCHC (Wheelchair for Cabin)	• 기내용 휠체어(On-board Wheelchair)*를 준비한다. 기내용 휠체어는 기종별로 탑재 위치가 다르므로 사전에 위치와 사용법을 숙지한다. • 승객의 좌석에서 승객이 기내용 휠체어에 옮겨 앉을 수 있도록 도움을 주고, Gate까지 승객을 안내한다. • 두고 내리는 짐이 없는지 한 번 더 확인한다. • 대기하고 있는 지상 직원에게 인계하며, 하기 인사를 한다. • 기내용 휠체어를 제자리에 보관한다.

* 미주행 항공기에서는 기내용 휠체어(On-board Wheelchair)가 의무적으로 기내에 탑재되어야 한다.

기내용 휠체어(On-board Wheelchair) 사용법

© izusek / iStock.com

- 휠체어 아랫부분을 누른 상태에서 손잡이 부분을 위로 들어 올린다.
- 케이블 선을 위로 당겨서 휠체어를 완전히 펼친다.
- 접을 때에는 좌석 밑에 있는 케이블 선을 위로 당긴 후 손잡이를 눌러 접는다.
- 승객의 안전을 위해 휠체어의 브레이크를 잠금 위치에 놓고 승·하차한다.

2) 장애인 승객 하기

청각장애 승객

- 청각장애 승객은 입술의 움직임을 통해 의미가 전달되도록 천천히 말을 하여 안내한다.
- 필요에 따라서는 글을 써서 안내할 수 있다.
- 승객의 휴대 수하물을 들어 주고, 친절한 미소와 적극적인 안내로 하기를 돕는다.

시각장애 승객

- 시각장애 승객에게 동반인이 있을 경우, 일반인으로 간주하여 하기 안내를 따로 하지는 않는다.
- 시각장애 승객에게 동반인이 없을 경우, 승무원이 시각장애 승객의 오른쪽에 서서 왼손으로 잡아 주고 반걸음을 앞서 가며 안내한다.
- 시각장애 승객이 지팡이를 가지고 있을 경우는 지팡이 반대쪽에서 안내한다.
- 의사소통 시 정확한 발음으로 알아듣기 쉽게 말한다.
- 앞에 계단이나 장애물이 있음을 알려 주며 천천히 이동한다.
- 항공기 Door 앞에서 대기 중인 지상 직원에게 인계하며, 친절한 음성으로 하기 인사를 한다.

7. 스트레처(Stretcher) 승객 하기

- 스트레처 승객은 일반적으로 앞쪽의 우측 Door(R Side Door)를 열고 하기한 후 특수 차량으로 이동한다.
- Door를 열 때에는 Slide Mode를 다시 한번 확인하고 외부의 지상 직원에게 수신호를 보낸다.
- 담당 지상 직원이 기내로 들어와 직접 하기를 돕는다.
- 동반 보호자에게 위로의 인사말과 승객의 쾌유를 바라는 인사말로 하기 인사를 한다.
- 스트레처 승객의 하기가 안전하게 마무리되면 Door를 닫는다.

스트레처 승객 이동용 특수 차량

© ranplett / iStock.com

기내 업무 방해행위 승객

8. 기내 업무 방해행위 승객 하기

목적지 도착 전 조종실을 통해 도착 공항의 경찰대에 신병 인수를 요청하게 되면, 지상 직원과 현지 경찰이 목적지 공항의 항공기 Door 밖에서 대기한다. 승무원은 해당 승객의 위치를 잘 파악하고 있다가 승객이 내릴 때 현지 공항 경찰대에게 승객의 신병을 인계한다.

9. 추방자 승객 하기

목적지에 도착한 후, 사무장은 보관하고 있던 추방자(Deportee)의 여권 및 기타 서류를 해당 승객과 함께 지상 직원에게 인계한다.

10. 호송 죄수 승객 하기

일반적으로 객실 맨 뒤쪽의 좌석을 배정받으며, 범법자인 경우 호송 책임자와 함께 탑승한다. 기내에서는 일체의 주류 및 알코올성 음료를 제공하지 않으며, 철제 포크, 나이프 등도 제공하지 않는다. 목적지 공항에 도착하여 모든 승객이 내린 후 가장 마지막에 하기한다.

현장 사례

사례 내용

안녕하세요? 저는 아기를 데리고 거의 한 달에 한 번 정도 왕복으로 비행기를 이용합니다. 항상 아기를 안고 타는데 특히 기내에서는 승무원들의 도움을 받아 편하게 다녔습니다.

그런데 오늘 비행에서는 제가 맨 뒷자리에 앉아서 왔는데, 승무원들이 바로 제 뒤에 있더군요. 도착 후 아기를 안고 포대기를 뒤집어서 씌우고, 위로 찍찍이 같은 걸 붙이려는데 손이 닿지 않아서 혼자 끙끙대고 있었습니다. 그런데 바로 뒤에 서 있는 승무원들은 자기네들끼리 잡담만 하고 전혀 도와주질 않았습니다. 그것도 제가 통로에 서서 그렇게 쩔쩔매고 있는데도 바로 뒤에 있는 승무원들이 자기네들끼리만 웃고 떠들더군요.

그렇게 저는 가방을 끙끙대며 들고 비행기에서 내리게 되었습니다. 비행기를 이용하면서 이런 일을 겪은 적은 처음이었습니다. 항상 승무원들이 자리에 앉는 것도, 짐을 들고 나가는 것도 입구까지 도와주곤 했는데, 무슨 할 말들이 그리 많은지 저를 쳐다보지도 않더군요.

발생 원인

- 유 · 소아 동반 승객에 대한 응대 지침을 준수하지 않았음
- 승객 하기가 완전히 종료될 때까지 승객에게 집중하는 업무 자세를 취하지 않았음

해결 방안

- 유 · 소아 동반 승객에 대한 응대 지침을 준수하여 도움이 필요한 적절한 시점에 서비스를 제공해야 함
- 승객이 도움을 요청하지 않더라도 승객의 입장에서 미리 알아서 서비스할 수 있는 관심과 성의를 갖추어야 함
- 유아 동반 승객은 기내에서 비교적 많은 도움을 기대하므로, 승무원이 적극적이고 세심하게 관심과 주의를 기울여야 함
- 승객의 하기가 종료될 때까지 승무원은 승객의 입장에서 언제든지 도움을 제공할 수 있도록 대기해야 함

잠깐! 점검해 볼까요?

01

특수 승객의 이해

1. 승객 하기 순서를 적어 보시오.

2. 제한 승객의 유형별로 하기 시 응대 요령을 정리해 보시오.

02

승객 하기 순서에 따른 안내

1. 승객 하기 순서에 맞춰 승객 하기를 안내해 보시오.

승객 하기 후 관리
Management After Passenger Disembarkation

PART 2

유실물 점검하기

Inspect the Lost and Found

4

01 유실물 점검

Inspect the Lost and Found

수행 준거

- 객실 서비스 규정에 따라 승객 하기 후 유실물 점검을 최우선으로 하며, 상위클래스일 경우 지상 조업 개시 전에 철저히 점검을 실시할 수 있다.
- 객실 서비스 규정에 따라 객실 수하물 선반(Overhead Bin)을 열어 육안으로 확인할 수 있다.
- 객실 서비스 규정에 의해 코트룸 및 승객 좌석 하단, 창측, 승객 좌석 주머니(Seat Pocket) 등을 육안으로 점검할 수 있다.

승객이 기내에 탑승할 때에는 기내에서 보관 가능한 캐리어, 가방을 비롯하여 승객 개인의 의류, 소형 가방, 노트북, 카메라 등 다양한 짐을 가지고 있다. 이런 기내 휴대 수하물은 오버헤드 빈(Overhead Bin)이나 좌석 하단, 코트룸 등에 보관하게 되는데, 승객 하기 후 점검해 보면 승객이 두고 내린 유실물을 발견할

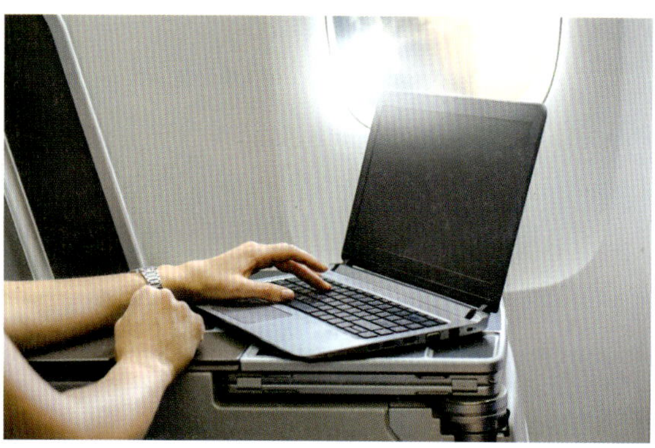

© Getty Images Bank

© anouchka / iStock.com, © Getty Images Bank

때가 종종 있다.

객실 승무원은 승객 하기 후 자신의 담당 구역에 있는 승객 좌석 위와 좌석 앞 주머니 속, 오버헤드 빈 등을 점검하고, 유실물이 발견되면 처리 절차에 따라 유실물을 인계한다.

1. 기내 휴대 수하물 보관

기내 휴대 수하물은 항공사마다 규정이 상이하나 보통 일반석을 이용하는 경우 노트북 컴퓨터, 서류가방, 핸드백 중 1개를 휴대할 수 있다.

☞ 단, 가방 1개와 합해 총 무게가 10kg 이하여야 한다.(대한항공 기준)

기내용 캐리어 하나의 규격은 보통 세 면의 합계가 115cm 이내인 수하물 1개로, 그 크기와 수량이 제한되지만 등급별로 약간의 차이가 있다.

☞ 일등석, 비즈니스석의 경우에는 수하물 2개가 허용된다.(대한항공 기준)

휴대 수하물은 승객이 직접 보관, 관리해야 하며, 분실 및 파손 시 항공사가 책임지지 않는다. 객실 승무원은 승객이 적정 장소에 짐을 보관할 수 있도록 안내하며, 도움이 필요한 승객에게 적극 도움을 제공한다.

1) 기내 휴대 수하물 보관 장소

수하물을 보관할 수 있는 장소는 수하물 선반(Overhead Bin), 좌석 하단(거치대가 설치되어 있는 장소), 외부 잠금장치가 설치된 코트룸(Coatroom)이다.

오버헤드 빈

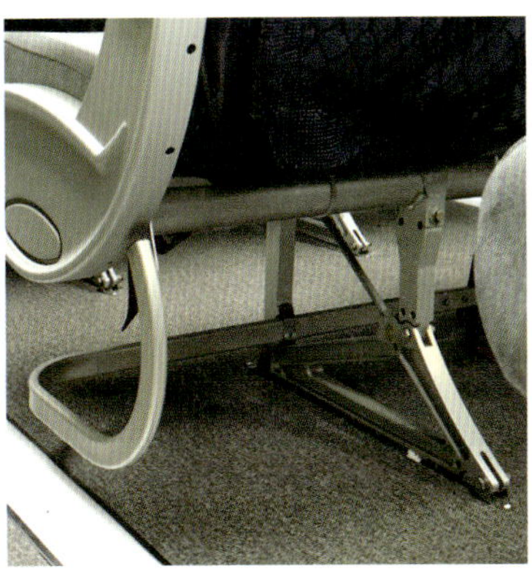
좌석 하단

코트룸

© izusek / iStock.com

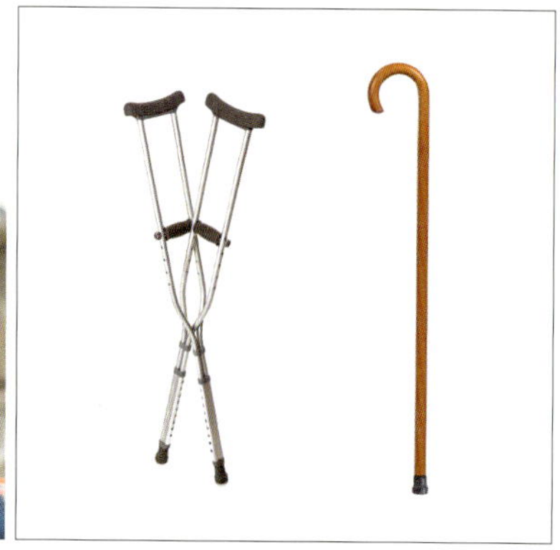

© Getty Images Bank

유모차

유모차는 접을 수 있는 유모차로 보관 장소가 있는 경우에 한하여 기내 반입이 가능하다. 보관 장소로는 오버헤드 빈(Overhead Bin), 좌석열 하단, 고정 장치가 있는 코트룸(Enclosed Coatroom)이 가능하다. 기내에 보관 장소가 없을 경우에는 승객에게 양해를 구하고 지상 직원을 통해 화물칸에 탑재해야 한다. 이런 경우, 수취 시 도착 공항 게이트에서 바로 찾을 수 있다.

지팡이 및 목발

지팡이는 비상구 열이 아닌 창가 좌석 옆의 객실 벽면 하단에 밀착시키거나 비상구 열 좌석을 제외한 모든 좌석의 하단에 가로로 눕혀 보관할 수 있다. 목발은 비상구 열 좌석이 아닌 창가 좌석 옆의 객실 벽면 하단에 밀착시키거나 고정 장치가 있는 코트룸(Enclosed Coatroom) 안에 보관할 수 있다.

유 · 소아 안전의자

유 · 소아 안전의자로는 창가 좌석 또는 연결되어 있는 좌석 열의 중앙 좌석이 가능하고, 통로쪽 좌석이나 비상구 열 좌석 및 날개 위 비상구(Overwing Window Exit) 바로 앞, 뒤 열의 좌석은 불가하다. 항공사에 따라 기내 전용 유 · 소아 안전의자를 사전예약한 경우에 한해 제공하기도 한다.

좌석 예약 수하물

좌석 예약 수하물은 휴대 수하물 규격을 초과하는 부피가 큰 수하물로, 별도의

좌석을 구입해야 하며 사전예약이 필수이다. 좌석 예약 수하물은 휴대 수하물 규정을 따르지 않으며, 그 종류와 탑재 시 주의사항은 다음과 같다.

- 휴대 수하물 규격을 초과하는 의료용 수송 기구(Unit)
- 휴대 수하물 규격을 초과하는 포장된 악기류(첼로 등)
- 좌석 예약 수하물을 보관할 때에는 좌석에서의 이탈 방지를 위해 좌석벨트를 매고, 좌석 연장벨트(Extension Belt)를 사용하여 좌석 등받이에 추가로 고정해야 한다.
- 다른 승객에게 피해를 주지 않도록 잘 포장되어야 한다.
- 비상구 및 통로 사용에 방해가 되어서는 안 된다.
- Fasten Seatbelt Sign이나 비상구 표식을 가려서는 안 된다.

2) 기내 휴대 수하물 보관 시 유의점

- 승객의 과다 수하물은 비상사태 발생 시 비상구나 통로를 막아 승객의 신속한 탈출을 방해하는 요인이 될 수 있다. 따라서 비상구 주변(Door Side)이나 객실 통로 주변에 승객의 짐이 방치되지 않도록 조치한다.
- 규정에 맞지 않거나 정해진 위치에 보관되지 않은 수하물은 비행 중 기체 요동이 발생하는 경우에 승객의 부상 원인이 될 수 있으므로 규정에 맞게 휴대

수하물을 관리하는 것이 중요하다.

- 가벼운 물건은 선반 위에 보관하지만 무거운 물건, 깨지기 쉬운 물건은 좌석 밑에 보관하여 승객의 안전에 유의한다.
- 선반에서 떨어지는 물건에 의해 발생하는 부상을 방지하기 위해 선반을 여닫을 때에는 항상 주의해야 한다.
- 부피가 큰 물건은 보관표(Tag)에 좌석번호를 기입하여 코트룸에 보관한다.
- 수하물은 화장실이나 빈 좌석에 보관할 수 없다.

2. 유실물 점검

1) 장소별 유실물 점검 방법

오버헤드 빈(Overhead Bin)

일반적으로 승객의 짐을 가장 많이 보관하는 장소가 오버헤드 빈이므로 꼼꼼한 점검이 필요하다. 이 · 착륙을 하는 과정에서 짐이 안쪽으로 쏠리는 경우가 있으므로 오버헤드 빈 안쪽까지 점검하기 위해서는 신발을 벗고 승객 좌석 위로 올라가서 확인해야 한다.

신형 기종의 경우 오버헤드 빈에 거울이 달려 있어 한눈에 점검할 수 있다.

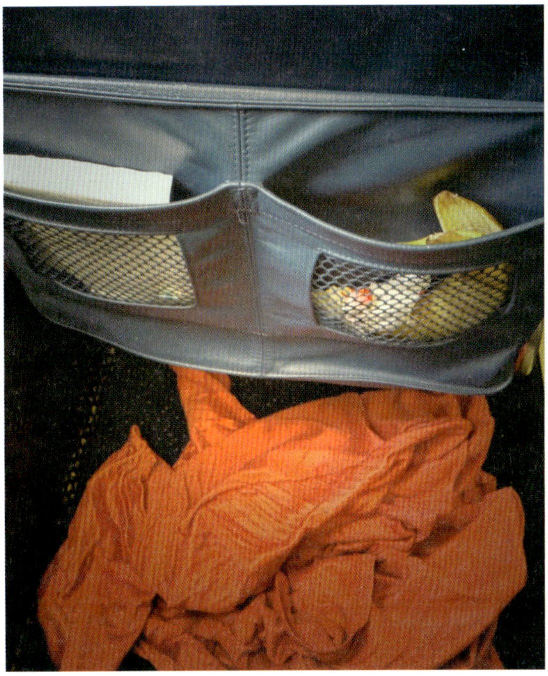

유실물 점검을 마친 후 오버헤드 빈은 다시 닫지 않고 그대로 열어 둔다.

코트룸(Coatroom)

코트룸은 완전히 열어서 안쪽까지 확인한다. 코트룸에 각종 서비스 용품 및 신문 등이 있을 수 있으므로 모두 꺼내어 깊숙한 안쪽까지 확인한다.

승객 좌석 하단 및 창측

승객 좌석 하단 및 창측은 비행 중 승객이 사용한 용품들의 쓰레기가 많이 떨어져 유실물과 혼재되어 있을 수 있다. 따라서 승무원은 좀 더 꼼꼼히 점검하여 유실물을 확인해야 한다.

승객 좌석 주머니(Seat Pocket)

Seat Pocket은 모든 승객 좌석에 장착되어 있기 때문에 객실 승무원이 일일이 점검하기가 사실상 매우 어렵다. 게다가 깊이가 깊고, 입구에 손을 넣기도 불편하여 한 손은 Seat Pocket을 연 상태에서 나머지 한 손을 사용하여 점검해야 하므

닫혀 있는 수납공간들

열려 있는 수납공간들

로, 시간이 많이 소요될 수밖에 없다.

일반적으로 Seat Pocket은 기내 미화 인력에 의해 점검이 이루어지지만 이 역시 완벽할 수 없으므로, 객실 승무원도 책임감을 가지고 일일이 점검하는 것이 바람직하다.

상위클래스 수납공간

일등석과 비즈니스석은 일반석에 비해 휴대품을 보관할 수납공간이 더 많다. 개인공간이 넓은 만큼 승객이 사용할 수 있는 공간도 넓은 것이다. 상위클래스에서는 안경이나 휴대전화, 볼펜, 여권 등 작은 소지품을 넣어 두었다가 하기 시 챙기는 것을 잊은 채 하기하는 경우가 빈번히 발생하여 세심한 점검이 필요하다. 보통 상위클래스에서는 좌석의 팔걸이 밑 부분에 수납공간이 장착되어 있다.

화장실

화장실은 유실물 및 잔류 승객이 남아 있을 수 있는 공간이므로, 문을 활짝 열고 육안으로 내부를 점검한다.

2) 상위클래스 유실물 점검 방법

- 상위클래스 승객의 하기가 끝나면 곧바로 담당 승무원은 유실물 점검을 실시한다.
- 오버헤드 빈을 모두 열어 육안으로 유실물 유무를 확인한다.
- 오버헤드 빈의 안쪽 깊숙한 곳까지 확인하기 위해 신발을 벗고 좌석 위로 올라서서 확인한다.
- 코트룸을 열고 안쪽까지 꼼꼼히 확인하며, 코트룸 내에 사용한 서비스 용품이 있다면 모두 꺼내어 하기될 수 있도록 한다.
- 비행 중 보관했던 휴대 수하물이 해당 승객에게 반환되었는지 여부를 승무원들 간에 공유하여 서로 재확인한다.
- 대형 기종이나 최신 기종은 개인공간이 넓고 수납공간도 다양하므로 꼼꼼히 점검한다.
- 승객 좌석 하단, 객실 벽면을 확인하고, 좌석 앞 주머니는 손을 넣어 직접 확인한다.
- 승객 좌석 위의 담요와 베개를 들어 올려 좌석에 유실물이 떨어져 있는지 확인한다.
- 잡지꽂이(Magazine Rack) 안쪽을 확인하여 하기 용품이나 기타 불필요한 용품이 있는지 확인한다.

3) 일반석 유실물 점검 방법

- 객실 뒤쪽 승무원 좌석(Jump Seat)에 착석한 객실 승무원은 승객이 하기하는

흐름에 맞춰 앞쪽으로 나오면서 객실의 오버헤드 빈을 연다.

- 신발을 벗고 좌석 위로 올라서서 오버헤드 빈 안쪽 유실물을 확인한다. 오버헤드 빈에 신문 등의 서비스 용품이 있다면 모두 꺼낸다.
- 좌석 위의 담요와 베개를 들어 올려 좌석에 유실물이 떨어져 있는지 확인한다.
- 객실 바닥, 승객 좌석 하단, 객실 벽면을 확인하고, 좌석 앞 주머니는 손을 넣어 직접 확인한다.
- 유실물을 점검하며 객실 앞쪽으로 나오면서 Door Slide Mode가 정상위치에 있는지 확인하고 이상 발견 시 사무장에게 즉각 보고한다.
- 객실 간 분리 칸막이나 칸막이와 바로 앞 좌석의 사이 공간도 확인한다.
- 기내 판매용으로 사용하는 쇼핑백의 안에도 승객에게 미처 전달되지 못한 면세품이 남아 있을 수 있으므로 점검한다.
- 잡지꽂이(Magazine Rack) 안쪽을 확인하며, 잡지는 정리하여 잡지가방에 넣어 하기할 수 있도록 한다.

02

유실물 인계

Hand over the Lost and Found

수행 준거

- 객실 서비스 규정에 의해 유실물 발견 시 상급자에게 보고하고 승무원은 최대한 빨리 승객에게 인계할 수 있다.

유실물 발견 시 상급자에게 보고해야 하는 업무 절차를 따르기 위해서는 승무원 직급 체계를 이해해야 한다. 이와 더불어 승무원이 직책에 따라 수행하는 각각의 업무를 간단하게 살펴보도록 한다.

1. 객실 승무원 직급 체계

객실 승무원의 직급 체계는 항공사별로 상이하나 보통 일반 승무원을 거쳐 객실 사무장(캐빈 매니저)으로 진급하게 된다.

KE 직급 체계 예시
CP(Chief Purser) : 수석 사무장
SP(Senior Purser) : 선임 사무장
PS(Purser) : 사무장
AP(Assistant Purser) : 부사무장
SS/SD(Stewardess, Steward) : 일반 여승무원, 일반 남승무원

항공사 내의 직함은 일반 회사나 기관에서의 대리, 과장 등의 직함과는 다소 차이가 있다. 신입 사원으로 입사 후 일정 기간의 신입 교육과 직무 훈련을 마치면 근무를 시작하여, 진급 시기가 되면 승격 심사를 통해 진급이 이루어진다.

2. 객실 승무원의 직책별 업무

1) 객실 사무장(캐빈 매니저)의 업무

객실 사무장(캐빈 매니저)은 비행 전반의 서비스 및 안전 관리를 총괄하는 승무원으로, 일정 기간 이상의 근무 연한과 사무장 훈련을 통해 양성된다. 비행 전반에 걸쳐 기내 서비스와 안전을 총괄 지휘하고 평가하는 업무를 수행한다.

- 객실 사무장(캐빈 매니저)은 비행 전 객실 브리핑을 주관한다.
- 비행에 필요한 서비스 방향을 제시하고 정보를 전달한다.
- 객실 승무원의 직책, 자격, 경력 등을 고려하여 업무를 배정한다.
- 비행 전 기내 설비 및 장비의 기능을 점검하고 확인한다.
- 비행 전반의 서비스를 진행하고 관리, 감독한다.
- 항공기 입 · 출항 서류를 관리한다.
- 비행 중 발생하는 Irregular 상황을 해결한다.
- 운항 승무원과 원활한 소통을 하여 안전한 비행이 될 수 있도록 정보를 공유한다.
- 해외 체제 시 객실 승무원들의 관리 및 해외 지사와의 연계 체계를 유지한다.

2) 객실 부사무장의 업무

- 객실 사무장(캐빈 매니저)의 업무를 보좌한다.
- 객실 사무장(캐빈 매니저) 유고 시 임무를 대행한다.
- 객실 브리핑을 준비하고 해당 비행의 입 · 출항 절차를 점검한다.
- 객실 승무원의 비행 준비 상태를 점검한다.
- 일반석 서비스를 총괄한다.
- 서비스 용품 탑재 확인 및 입국서류 배포와 작성을 지원한다.
- 목적지 도착 전 면세품과 보세품 보관 및 봉인(Sealing) 상태 확인과 보고를

수행한다.

- 비행 종료 후 기내 유실물, 분실물을 확인하고 보고한다.

3) 일반 승무원의 업무

비행 중 자신에게 할당된 담당 구역(Zone)에서 비행 안전 및 서비스 업무를 수행한다.

4) 현지 승무원의 업무(Regional Stewardess : R/S)

현지 승무원이란 해당 비행편에 탑승한 현지 외국인 승객들의 통역 및 서비스를 담당하기 위해 채용된 외국인 승무원을 말한다.

- 기내 업무 및 진급 체계는 일반 한국인 승무원과 동일하며, 현지 승무원 역시 본인에게 배정된 업무를 수행한다.
- 해당 언어권 승객의 의사소통을 담당한다.
- 비행 중 실시되는 모든 기내 방송을 자국어로 실시한다.

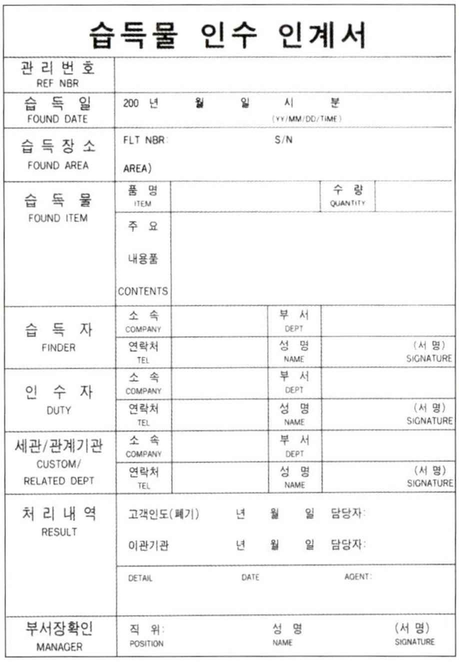

습득물 인수 인계서

관리번호 REF NBR				
습득일 FOUND DATE	200 년 월 일 시 분 (YY/MM/DD/TIME)			
습득장소 FOUND AREA	FLT NBR:	S/N		
	AREA)			
습득물 FOUND ITEM	품명 ITEM		수량 QUANTITY	
	주요 내용품 CONTENTS			
습득자 FINDER	소속 COMPANY		부서 DEPT	
	연락처 TEL		성명 NAME	(서명) SIGNATURE
인수자 DUTY	소속 COMPANY		부서 DEPT	
	연락처 TEL		성명 NAME	(서명) SIGNATURE
세관/관계기관 CUSTOM/ RELATED DEPT	소속 COMPANY		부서 DEPT	
	연락처 TEL		성명 NAME	(서명) SIGNATURE
처리내역 RESULT	고객인도(폐기) 년 월 일 담당자:			
	이관기관 년 월 일 담당자:			
	DETAIL	DATE	AGENT:	
부서장확인 MANAGER	직위: POSITION	성명 NAME	(서명) SIGNATURE	

습득물 인수인계서

공항 Lost & Found 창구

3. 유실물 발견 시 처리 절차

승객 하기 중 유실물을 발견한 경우 즉각적으로 해당 승객에게 안내하여 승객이 찾을 수 있도록 한다.

승객 하기 후 유실물을 발견한 경우 다음 절차를 따라 조치한다.

- 유실물이 발견된 좌석번호를 확인한다.
- 유실물의 내용이 무엇인지 확인한다.
- 객실 사무장(캐빈 매니저)에게 신속하게 보고한다.
- 담당 승무원이 유실물의 승객을 기억하며 항공기 Gate에서 멀리 벗어나지 않았다면, 최대한 빨리 달려가 전달할 수 있도록 한다.
- 승객이 이미 청사로 이동하여 직접 전달이 어려운 경우, 습득물 인수인계서를 작성한 후 원본 1부를 유실물과 함께 지상 직원에게 인계한다.
- 지상 직원과의 연결이 불가한 경우, 분실물 창구(Lost & Found)에 인계한다.
- 유실물의 내용, 형태, 개수, 발견장소, 인계 지상 직원의 인적사항 등을 사무장 운항보고서(Purser's Flight Report)에 기록한다.

현장 사례

사례 내용

얼마 전 귀사의 항공기를 타고 인천으로 입국했습니다. 타지에서 오랫동안 근무하고 한국으로 입국하는 거라 직장 동료가 꽤 고가의 펜을 선물로 사 주었습니다. 기내에서 선물을 열어 보고 그 펜으로 입국서류를 쓰고 잠이 들었는데 미처 펜을 챙기지 못하고 항공기 밖으로 나오게 되었습니다. 게이트에서 나와 입국심사대로 걸어가고 있는데 뒤에서 승무원이 저를 부르는 소리가 들리더군요.

뒤를 돌아보니 승무원이 제 펜을 들고 뛰어오고 있었습니다. 순간 너무 놀라고 고마워서 어찌할 바를 몰랐네요. 조금만 제가 더 빨리 걸어갔다면 아마 승무원이 저를 찾지 못했겠지요. 승객이 내리자마자 곧바로 유실물 점검을 하셨나 봅니다. 소중한 선물을 찾아주셔서 감사합니다.

칭송 사유

- 담당 구역 승무원이 해당 승객의 상태를 정확히 파악하고 있었음(인상착의, 성함 등)
- 승객이 내리자마자 신속하게 유실물 점검을 실시했음
- 유실물을 발견하고 신속하게 승객에게 전달했음

잠깐! 점검해 볼까요?

01
유실물 점검

1. 상위클래스 유실물 점검 방법에 의거하여 유실물을 점검해 보시오.

2. 장소별 유실물 점검 방법에 의거하여 유실물을 점검해 보시오.

- 오버헤드 빈

- 코트룸

- 승객 좌석 하단, 창측

- 승객 좌석 주머니

- 상위클래스 수납공간

- 화장실

02 유실물 인계

1. 유실물을 발견한 다음의 두 시점에 맞게 유실물에 대한 보고를 객실 사무장(캐빈 매니저)에게 하듯 연습해 보시오.

- 승객 하기 중 발견

- 승객 하기 후 발견

2. 객실 승무원의 직급 체계를 정리해 보시오.

3. 객실 사무장의 업무를 정리해 보시오.

© Alex Tai / SOPA Images/ LightRocket / Getty Images

잔류 승객 점검하기
Inspect Remaining Passengers

5

01

항공기 구조 및 잔류 승객 점검

Aircraft Structure and Inspection of Remaining Passengers

수행 준거

- 객실 서비스 규정에 따라 밀폐 공간[화장실 및 벙크(Bunk)] 내 잔류 승객 여부를 점검할 수 있다.
- 객실 서비스 규정에 따라 각각의 승무원은 담당 구역별로 결과를 구두로 보고할 수 있다.
- 객실 서비스 규정에 따라 잔류 승객을 조치할 수 있다.

모든 승객이 하기하고 나면 객실 승무원은 유실물 점검과 함께 기내에 남아 있는 승객이 있는지도 점검한다. 점검하는 장소는 모든 좌석을 비롯해 화장실, 갤리(Galley), 벙크(Bunk) 등이다.

유실물이나 잔류 승객 점검은 단순히 서비스적인 차원의 점검이 아니라 항공기 보안과도 밀접한 관계가 있으므로 꼼꼼하게 점검하는 습관을 갖도록 한다. 아래 실제 사례를 통해 잔류 승객 점검이 얼마나 중요한지 이해하도록 하자.

사례 1

2013년도 중국인 여성 3명이 아시아나항공 항공기에 잠입해 미국으로 밀입국 시도를 하다 적발되었다. 국토교통부에 따르면, 중국인 3명이 아시아나항공의 B747-400기를 타고 인천공항에 도착한 후, 항공기에서 내리지 않고 승무원들이 머무는 벙크 천장에 숨어 있었던 것으로 추정되었다.

이 비행기는 인천에서 홍콩 첵랍콕공항으로 갔다가 일본 나리타공항을 경유하여 인천공항으로 다시 왔고, 이후 미국 로스앤젤레스(LA)로 떠났다. 항공기에 숨어 있던 중국인들은 LA 공항에서 미국 항공 당국에 의해 적발되었다.

미국 로스앤젤레스(LA) 공항에서 입국하려다 발각되었지만, 인천과 일본 나리타, 홍콩 등 아시아 주요 국제공항을 오가는 동안 이들의 탑승 사실을 아무도 몰랐기에 이번 사고는 국내 항공기의 보안 체계에 큰 구멍이 뚫렸다는 점을 보여 주었다. 통상 승객이 모두 하기하면 기내 청소와 함께 항공사 보안요원들이 기내를 수색함에도 천장에 숨어 있던 이들을 발견하지 못한 것이다.

사례 2

© Richard Sharrocks / Getty Images

2019년 에어 캐나다 항공기에 탑승했던 승객이 목적지 공항에 도착했음에도 승무원들의 안내를 받지 못하고 계속 잠이 든 상태에 있다가 한동안 비행기에 갇히는 사고가 발생했다. 승객이 잠에서 깨어 보니 춥고 어두운 객실 안에 혼자만 남아 있었고, 비행기 전원이 차단되어 휴대전화 충전도 할 수 없는 상황이었다.

승객은 기내에 있는 손전등을 찾아 외부에 도움을 요청했으나 실패했고, 항공기 문을 수동으로 여는 데 성공했지만 15미터의 높이라 뛰어내릴 수 없었다. 이에 승객은 지나가던 짐수레 운전사를 향해 손전등을 흔들었고 그의 도움으로 겨우 비행기에서 탈출할 수 있었다.

1. 항공기 구조

승객 하기 후 잔류 승객을 점검하기 위해 항공기 구조를 이해하고 기종별 화장실과 갤리의 위치 및 개수, 기종에 따른 벙크의 유무 및 위치를 파악한다. 항공기 구조는 항공사별로 상이하나, 일부 국내 항공사의 항공기 배치도를 보면 다음과 같다.

1) Boeing 747-8i (KE)

좌석 수 : 368석 | 화장실 수 : 12개 | 벙크 : R5 Door 근처

화장실 · 장애인용 화장실 · 여성우선 화장실 · 갤리

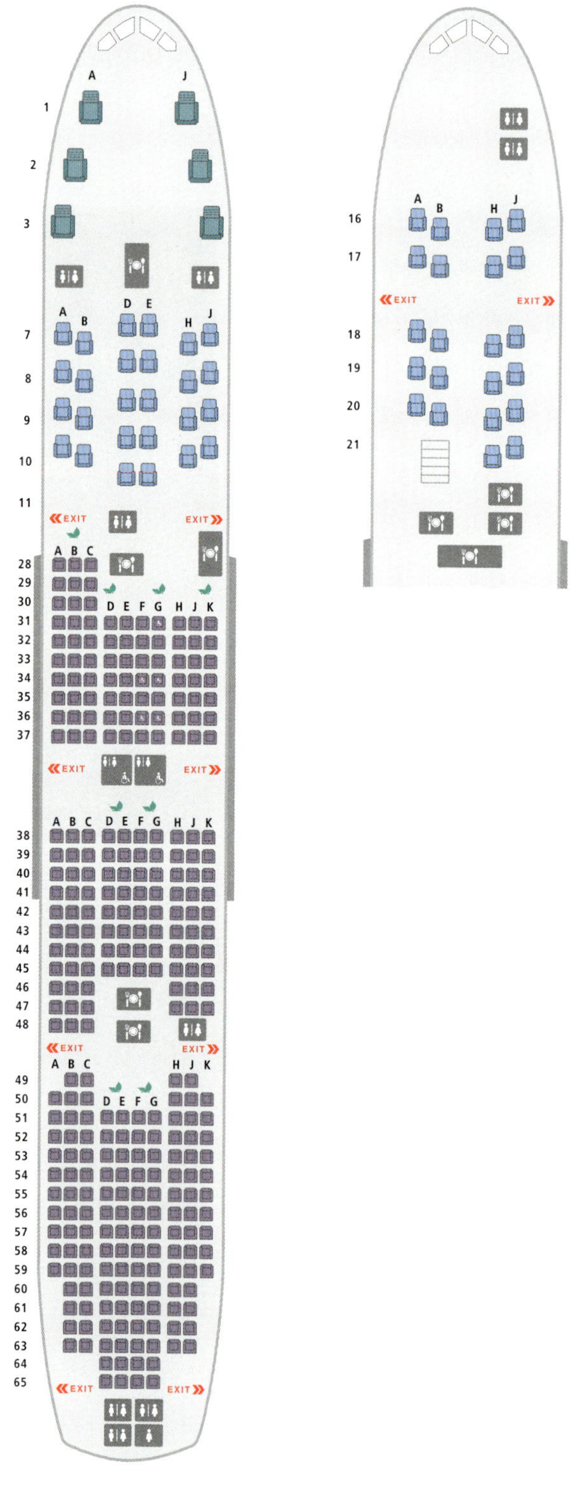

2) Boeing 787–9 (KE)

좌석 수 : 269석 | 화장실 수 : 9개 | 벙크 : L4 Door 근처

화장실 | 장애인용 화장실 | 여성우선 화장실 | 갤리

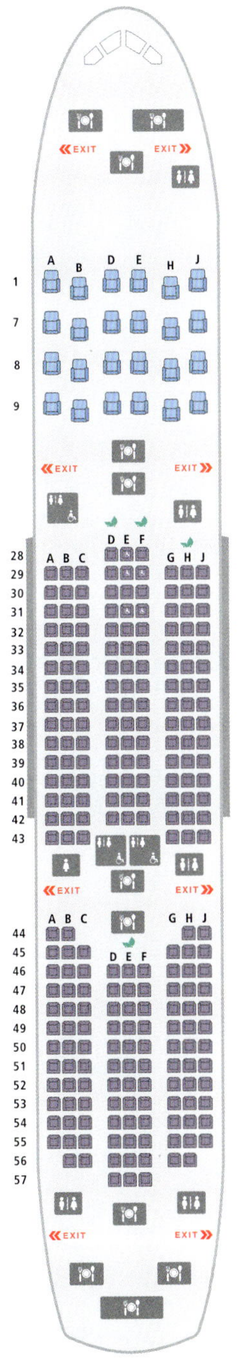

3) Boeing 777-200 (KE)

좌석 수 : 261석 | 화장실 수 : 10개 | 벙크 : R3 Door 근처

화장실 · 장애인용 화장실 · 여성우선 화장실 · 갤리

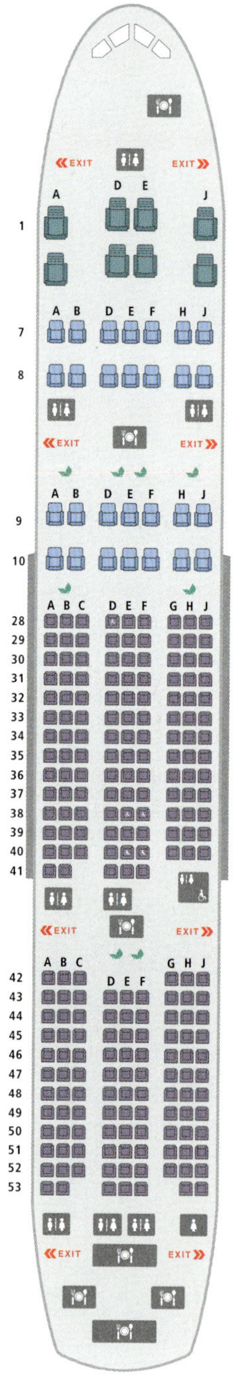

4) Boeing 737-900 (KE)

좌석 수 : 188석 | 화장실 수 : 3개 | 벙크 : 없음

화장실 / 장애인용 화장실 / 여성우선 화장실 / 갈리

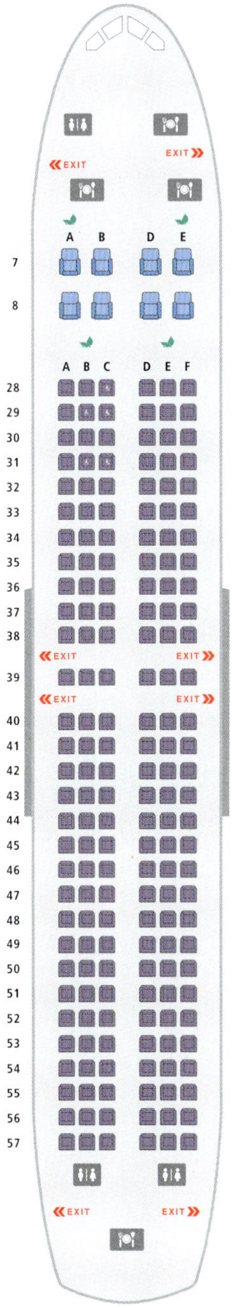

5) Airbus 380-800 (KE)

좌석 수 : 407석 | 화장실 수 : 13개 | 벙크 : R3 Door 근처

화장실 · 장애인용 화장실 · 여성우선 화장실 · 갤리 · 바/라운지 · 면세점 전시공간 · 유아용 요람 · 계단

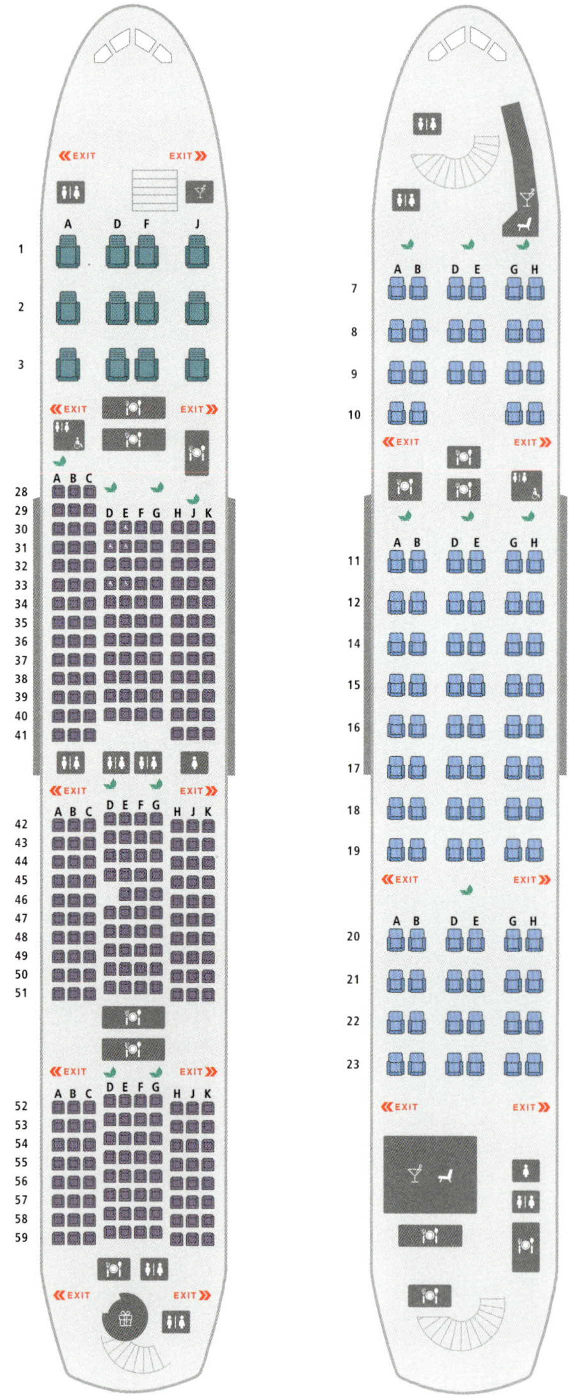

6) Airbus 330-200/300 (KE)

좌석 수 : 218석 | 화장실 수 : 9개 | 벙크 : L3 Door 근처

화장실 · 장애인용 화장실 · 여성우선 화장실 · 갤리

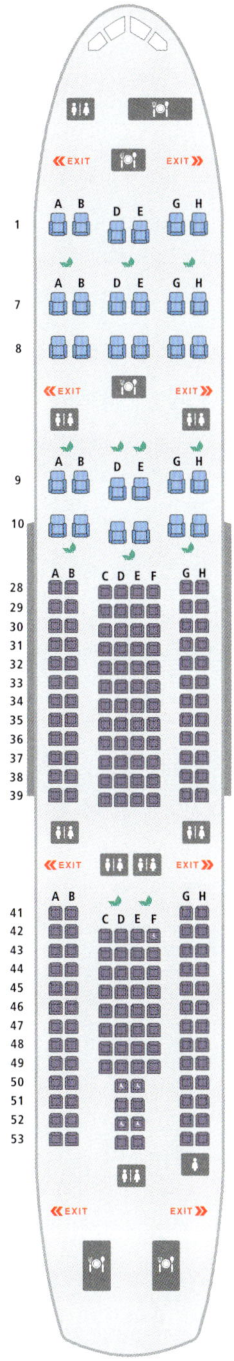

2. 잔류 승객 점검

승객 하기 시 적극적으로 승객의 하기를 도우며, 도움이 필요한 승객에게는 필요한 도움을 주어 신속하게 하기할 수 있도록 한다. 또한 승객 하기 후 바로 담당 구역의 객실 점검을 실시한다.

1) 화장실 점검

담당 구역의 화장실을 확인하고 승객 잔류 유무를 점검하며, 다음 상황에 따라 적극적으로 조치하도록 한다.

- 화장실이 잠겨 있을 경우, 안에 승객이 있는지 여부를 확인한다.
- 승객이 화장실을 사용 중일 경우, 승객의 하기를 적극적으로 돕는다.
- 화장실 문이 잠겨 있거나 화장실 내부에 승객이 있는지 확인이 안 될 경우, 화장실 외부에서 문을 열고 들어가 잔류 승객 유무를 확인한다.

화장실 문은 2가지 타입으로 접히는 문(Bi-fold Type)과 접히지 않는 문(Solid Type)으로 구분할 수 있다. 잔류 승객을 점검하기 위해 화장실 문이 접히는 문인 경우에는 상단의 경첩을 내려 고정시켜 문을 열어 둔다. 그리고 접히지 않는 문인 경우에는 화장실 문을 활짝 열고 잔류 승객을 점검한다.

그러나 승객이 화장실 안에 있음에도 안에서 문을 열 수 없는 상황이거나(응

화장실 사용 표시창

화장실 밖에서 잠긴 문을 여는 방법

급상황, 의도적 잠금 등) 화장실 안의 쓰레기통 등의 설비 등이 바깥으로 튀어 나와 화장실 문의 작동을 방해할 때에는 외부에서 다음과 같은 방법으로 열 수 있다.

접히는 문(Bi–fold Type)의 개방

- 닫힘 상태(Occupied로 표시) 혹은 빨간색 동그라미로 화장실 사용 가능 상태를 화장실 문에 보여 주는 표시창 위쪽에 위치한 스테인리스 재질의 뚜껑을 들어 올리면, 좌 · 우로 움직일 수 있는 작은 손잡이가 나온다. 이 손잡이를 열림 방향으로 돌리면 화장실 사용 표시창이 Occupied(닫힘)에서 Vacant(열림)로 바뀌고 문을 열 수 있다.
- 위의 방법으로도 화장실 문이 열리지 않을 때에는 문 경첩 부분의 위, 아래 핀(Pin)을 확인한다. 위쪽 핀은 아래로, 아래쪽 핀은 위로 위치시켜 문의 중간부분을 화장실 안쪽으로 접히도록 하고 다시 앞쪽으로 잡아당기면 문을 통째로 떼어낼 수 있다.

접히는 문

접히지 않는 문(Solid Type)의 개방

- 닫힘 상태(Occupied로 표시) 혹은 빨간색 동그라미로 화장실 사용 가능 상태를 화장실 문에 보여 주는 표시창 위쪽에 위치한 스테인리스 재질의 뚜껑을 들어 올리면, 좌 · 우로 움직일 수 있는 작은 걸쇠(Latch)가 나온다. 이 걸쇠를 열림 방향으로 돌리면 화장실 사용 표시창이 Occupied(닫힘)에서 Vacant(열림)로 바뀌고 문을 열 수 있다.
- 위의 방법으로도 화장실 문이 열리지 않을 때에는 걸쇠가 분리될 정도로 문의 손잡이

접히지 않는 문

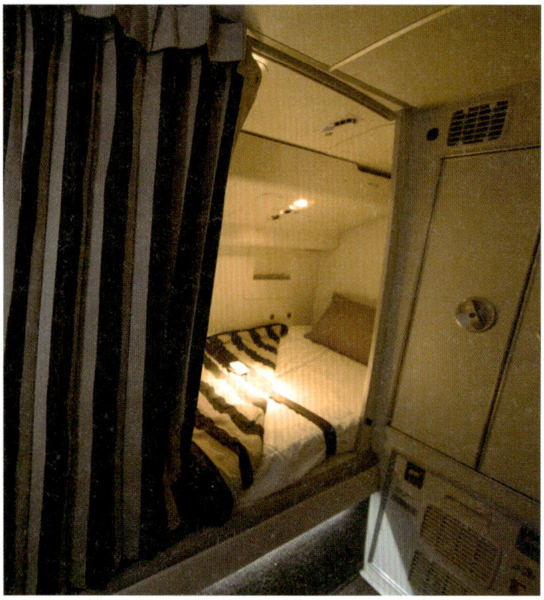
© Rathke / iStock.com

© Jordan Tan / Shutterstock.com

를 강하게 돌려서 문을 잡아당겨 연다. 일반적으로 접히지 않는 문은 통째로 분리가 불가능하지만, 일부 기종의 경우에는 손잡이를 분리하거나 걸쇠를 분리시켜 문을 떼어 내기도 한다.

2) 벙크(Bunk) 점검

벙크는 장거리 비행 시 승무원이 교대로 쉴 수 있도록 만든 승무원 휴식공간이다. 승무원들이 쉴 수 있도록 2층 침대가 있고 각종 비상장비들이 장착되어 있다. 벙크는 이 · 착륙 및 Taxiing 중에는 사용이 불가하고 출입문이 항상 닫혀 있어야 한다. 승객에게 위치가 노출되지 않도록 주의해야 하며, 열쇠나 비밀번호를 사용하여 출입한다.

- 벙크는 직접 안으로 들어가 확인하고 조명을 밝게(Full Bright) 켜서 잔류 승객뿐만 아니라 이상 유무를 육안으로 확인한다.
- 벙크 안에 승객이 있을 경우, 일반 승객이 이용할 수 없는 공간임을 설명하고 적극적으로 이동을 돕는다.

3. 잔류 승객 보고 및 조치

- 담당 구역(Zone)에 잔류 승객이 있는 경우, 기내 방송 시스템(PA System)을 사용하여 모든 객실 승무원에게 알린다.
- 도착 공항의 승객 하기가 연결 통로(Bridge)가 아닌 버스로 이동하는 스텝 카(Step Car)로 진행되는 경우, 잔류 승객의 보고가 잘 이루어져야 여객 청사로 이동하는 버스의 대기나 기타 조치를 취할 수 있다.
- 잔류 승객 중 지상 직원의 도움이 필요한 승객의 경우, 지상 직원에게 연락하여 승객의 하기가 신속하게 이루어질 수 있도록 한다.
- 휠체어 승객은 출발지에서는 제일 먼저 탑승하고, 목적지에서는 제일 나중에 하기하는 것을 규정으로 하고 있다. 일반적으로 수하물로 탁송한 휠체어는 승객에게 전달되기까지 시간이 다소 소요되므로 천천히 하기할 수 있도록 돕는다.
- 일반적으로 유아 동반 승객은 챙겨야 할 짐이 많아 하기가 늦어질 수 있으니 승무원이 적극 돕는다.
- 위탁 수하물로 탁송한 유모차를 Gate 앞에서 인계받기로 한 경우, 이를 확인하여 승객의 하기를 돕는다.
- 객실에서 승객의 소지품 분실로 인해 소지품을 찾느라 하기가 늦어지는 경

우, 승무원은 승객과 함께 적극적으로 소지품을 찾아본다. 소지품을 찾을 수 없는 경우, 승객 이름과 연락처, 좌석번호, 편명 등을 기록하고 분실물 발견 시 출발 및 도착지 안내데스크(INFO Desk) 또는 분실물 창구(Lost & Found)에 인계한다. 그리고 분실물 발견 시에는 해당 승객에게 연락을 취할 수 있도록 조치한다.

- 모든 승객이 하기하기 전까지 항공기 작업을 위해 지상 직원 및 환경미화 요원들이 기내에 탑승하지 않도록 안내한다.

02

잔류 승객(응급환자) 조치

Deal with Remaining Passengers/Emergency Patients

잔류 승객을 점검하는 중 응급환자를 발견하면 객실 승무원은 곧바로 사무장(캐빈 매니저)에게 보고하고, 사무장은 기장 및 지상 직원에게 통보하여 의료인의 도움을 받을 수 있도록 한다. 의료인이 도착할 때까지 적절한 응급처치를 하여 환자를 보호한다.

1. 응급처치의 중요성

의료진의 손길이 닿기 전까지 환자의 생명을 구하고 상태가 더 악화되지 않도록 하기 위해 취해지는 임시적이고 즉각적인 조치를 응급처치(First Aid)라 한

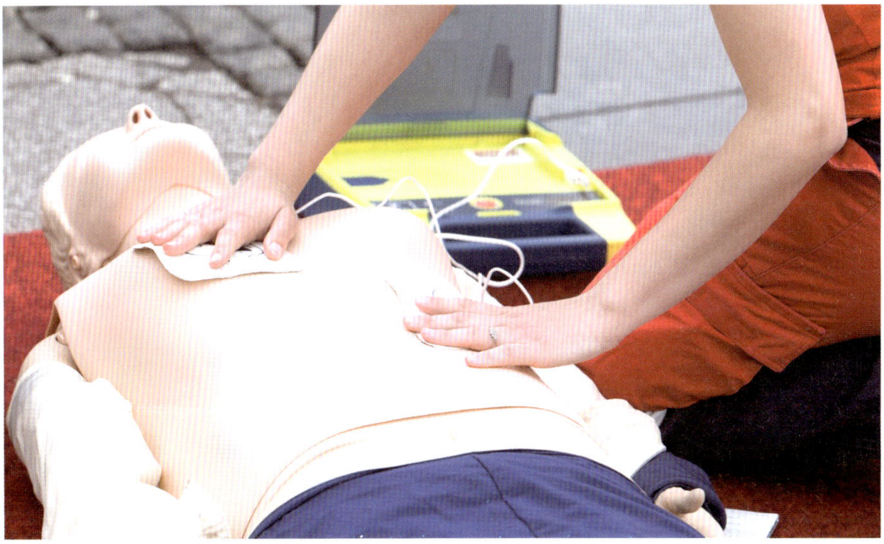

다. 일반적으로 응급처치는 의학 상식을 지닌 사람에 의해 민첩하고 정확하게 수행되어야 하므로, 승무원은 평소에 응급상황에서 무엇을 해야 하는지와 무엇을 해서는 안 되는지를 숙지해 두어 응급상황이라고 판단될 때에는 신속하고도 적절한 응급처치를 실시할 수 있어야 한다.

2. 응급처치의 기본 원칙

- 기내 응급환자를 응대하는 절차는 팀워크를 바탕으로 동시다발적으로 이루어져야 한다.
- 효율적 대처를 위해 역할을 나누는 것이 좋다. 환자를 최초로 발견하고 그 상태를 파악하여 응급조치를 실시하는 승무원, 조종실과 소통하는 승무원, 기내 탑재 의료장비를 가져오는 승무원을 구분하고, 다른 승무원들도 그 외 역할을 맡아서 조직적으로 상호 협조한다.
- 환자가 위급한 비상상태인지, 그렇지 않은 상태인지를 정확하게 판단하여 응급처치를 시행한다.
- 승객을 편안하게 안정시키며, 주변의 불필요한 사람이 접근하지 못하도록 한다.
- 응급처치를 위해 반드시 필요한 경우가 아니라면 환자를 이동시키지 말고, 환자의 상태나 자세에 적합한 자세를 취하도록 한다.

- 환자에게 의식이 있다면 병력을 확인하고 그에 맞는 적절한 응급처치를 한다.
- 응급처치를 하는 동안 환자의 맥박, 호흡, 체온, 혈압의 활력징후와 피부색 등을 지속적으로 관찰한다.
- 객실 승무원에 의한 수액의 주입이나 주사 행위를 금한다.

3. 기내 응급환자 발생 시 행동 원칙

1) 상황 판단

- 환자에게 승무원임을 밝혀 환자를 안정시킨다.
- 도움이 필요한지 여부를 확인하고 동의를 받는다. 환자의 의식이 없을 때에는 동의한 것으로 간주하고 응급처치를 시행한다.
- 환자나 동반인, 주변 승객 등에게 당시 상황에 대한 정보와 환자에 대한 건강 정보를 얻는다.
  ☞ 승객 소지품 등에 의약품이 있는지 확인한다.
- 환자의 옷이나 소지품에 의사소견서(Medical Alert Emblem)[1] 등이 있는지 확인한다.

2) 응급환자 보고

기장, 사무장(캐빈 매니저), 지상 직원에게 다음의 내용을 보고한다.

- 응급환자의 성명, 나이, 성별, 주소 등의 인적사항
- 응급환자의 증상
- 응급상황 발생 장소, 시간, 비행구간 및 당시 상황
- 소화기 계통 응급상황인 경우, 취식한 음식
- 응급환자에게 의료행위를 한 기내 의료진의 인적사항
- 시간대별 조치사항 및 기내 의료장비 사용 여부
- 필요한 경우 기장과 협의하여 의학적 도움을 지상에 요청한다.
- 응급처치 장비를 환자 주변으로 옮겨 둔다.

1 의사소견서란 환자의 신상, 병력, 혈액형 등 진료에 필요한 내용을 목걸이나 팔찌, 시계형 팔찌 등에 표시하여 응급상황 발생 시 의료진이 참고할 수 있도록 만든 장식물을 의미한다.

3) 응급처치 절차

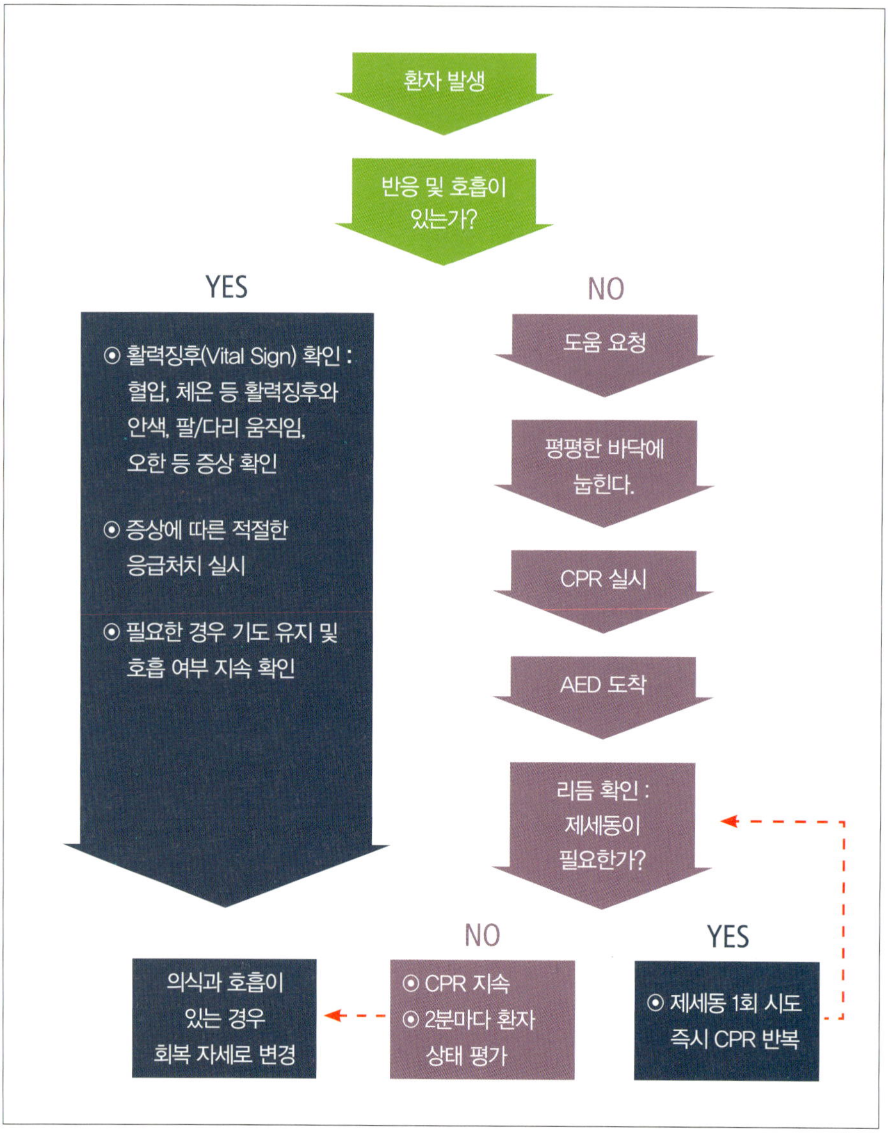

응급처치 Flow Chart

정상 활력징후

- 맥박 : 60~100회/분
- 호흡 : 12~20회/분
- 체온 : 36.5~37.2도
- 혈압 : 90~140/60~90mmHg

CPR

- 가슴 압박 대 인공호흡 비율 30 : 2 (5cycle/2분)
- 필요 장비 : AED, Resuscitator Bag, UPK, PO2, EMK, FAK 등

현장 사례

사례 내용

아이와 함께 단둘이 인천공항으로 가는 비행기에 탑승했습니다. 아이가 속이 안 좋아 비행 내내 잘 먹지도 못하고 겨우 약을 먹고 버티며 왔네요. 감사하게도 승무원들이 잘 보살펴 주셔서 더 수월하게 온 것 같습니다. 비행기가 인천공항에 도착해 짐을 챙겨 나가려고 하는데 아이가 갑자기 토할 것 같다고 하여 급히 화장실로 함께 갔습니다. 비행기 중간 쪽에 비교적 넓찍한 화장실 칸이 있는 걸 알고 있어 그곳으로 함께 들어가 아이를 케어했습니다.

한참을 토하고 아이 얼굴을 대강 씻기고 있는데 밖에서 똑똑 두드리더군요. 전 안쪽에서 노크를 하여 사람이 있다는 걸 알렸습니다. 밖에서 승무원이 괜찮으시냐며 물어서 괜찮으며 이제 나갈 거라고 대답하고 잠시 후 화장실 밖으로 나왔습니다. 다른 승객들은 이미 다 내리고 아무도 없는 상태였고, 승무원이 밖에서 따뜻한 물과 티슈를 들고 기다리고 있더군요. 다른 승객들도 다 내렸는데 우리 때문에 퇴근을 못 하시는 것 같아 죄송하면서도 무척 고마웠습니다.

칭송 사유

- 승객 하기 후 밀폐공간(화장실, 벙크, 코트룸 등)에 대한 잔류 승객 점검을 성실히 수행했음
- 승객에 대한 적절한 응대로 인상 깊은 서비스를 제공했음

잠깐! 점검해 볼까요?

01

항공기 구조 및 잔류 승객 점검

1. 기종별 항공기 구조를 이해하고 화장실, 벙크의 위치를 설명해 보시오.

2. 기종별 항공기 구조를 이해하고 화장실, 벙크의 점검 방법을 정리해 보시오.

3. 잔류 승객 보고 방법을 적어 보시오.

02

잔류 승객 (응급환자) 조치

1. 잔류하고 있는 응급환자 발견 시 조치사항을 정리해 보시오.

2. 응급처치 Flow Chart를 정리해 보시오.

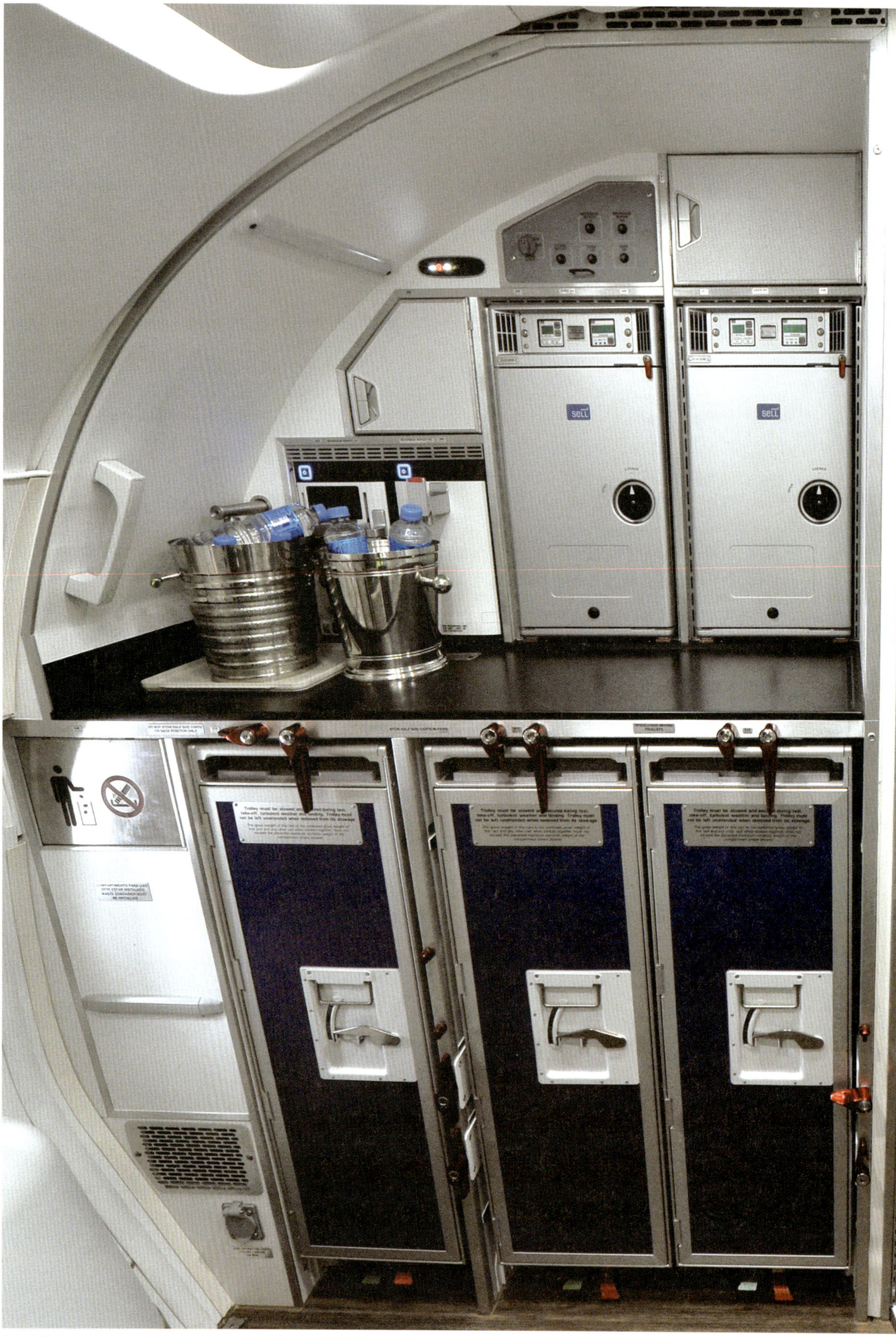

© Visual China Group / Getty Images

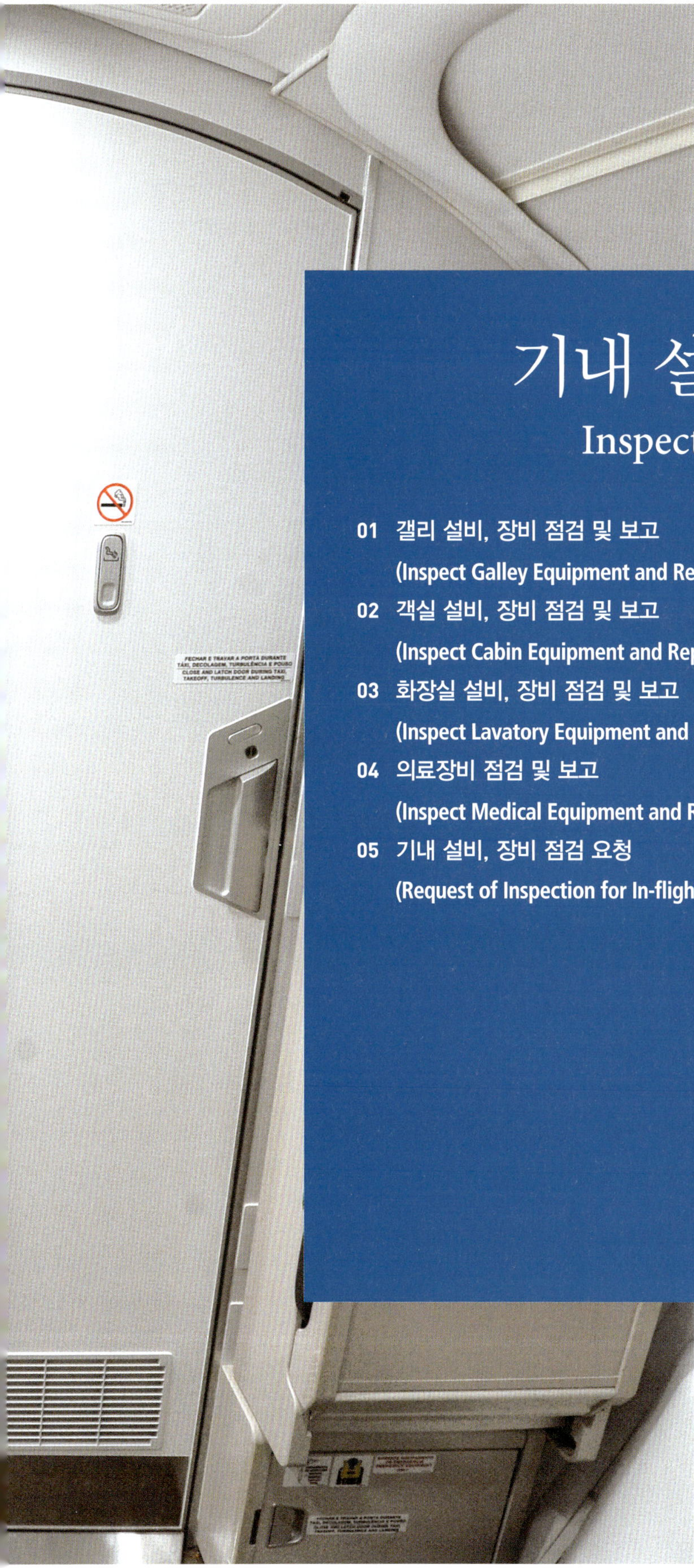

기내 설비 점검하기

Inspect In-flight Equipment

6

01

갤리 설비, 장비 점검 및 보고

Inspect Galley Equipment and Report the Results

수행 준거

- 객실 서비스 규정에 따라 객실 내 장착되어 있는 모든 서비스 설비나 장비를 점검할 수 있다.
- 객실 서비스 규정에 따라 객실 설비나 장비를 점검 후 이상 유무를 보고할 수 있다.
- 객실 서비스 규정에 따라 객실 설비나 장비에 이상이 있을 경우 정비사에게 구두 전달하고 객실 설비 장비 수리 요청서에 기록할 수 있다.

비행 전, 비행 중, 비행 후에 발생한 기내 설비 및 객실 설비의 이상을 사무장(캐빈 매니저)에게 보고하고, 이상사항을 객실정비기록부(Cabin Discrepancy List and Memo : CDLM)에 구체적으로 기록한다. 항공기가 도착한 후 모든 승객이 하기하고 나면, 객실 정비사에게 이를 고지하여 즉시 수리될 수 있도록 조치한다. 설비 이상을 발견하고 수리하는 과정이 정확히 이루어져야 다음 교대팀이 비행하는 데 지장이 없도록 할 수 있다.

1. 오븐(Oven)

오븐은 기내식, 타월, 빵 등을 데우는 데 사용된다. 기능에는 '온도조절', '타이머' 등이 있으며, 이 기능들이 정상적으로 작동하는지 점검한다. 또한 오븐 안에 이상 물질이 들어 있지는 않은지 문을 열어 점검하고, 오븐 안 Rack의 개수가 부족하지 않은지 확인한다. 오븐을 사용하지 않을 때에는 반드시 잠금 상태를 유지하고 착륙 전에는 전원을 끈다.

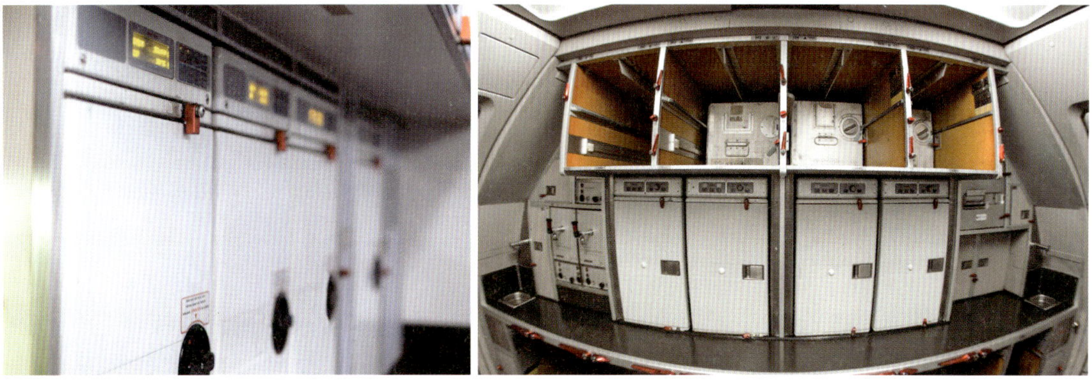

기내 오븐

다양한 오븐

오븐 내부의 Rack

오븐의 오작동 신호

- 오븐에서 찬 바람이 나오면서 데우기(heating) 기능이 정상 작동하지 않는다.
- 타이머가 돌아가지 않거나 돌아간 후에 제자리로 오지 않는다.
- 오븐 작동 시 시끄러운 소리가 심하게 들린다.

2. 커피메이커(Coffee Maker)

커피메이커는 가루 원두커피 팩을 넣고 작동시켜 커피액을 내리는 기계이다. 온도조절 장치로 온도가 조절되며 과열방지 장치가 장착되어 있다. 물을 따로

다양한 종류의 커피메이커

넣을 필요는 없으며 '전원' 'Brew' 버튼을 눌러 작동시킨다. 'Warmer' 버튼을 누르면 내려진 커피물을 따뜻하게 유지해 준다.

점검 시 모든 버튼이 정상적으로 작동하는지 일일이 눌러서 확인한다. 때로는 손잡이가 움직이지 않는 결함도 발생하므로 손잡이를 열어 상태를 점검해 보도록 한다. 커피 Pot의 청결 상태도 점검한다.

커피메이커의 오작동 신호

- 우려지는 커피의 양이 기준보다 적다.
- Warmer 버튼을 눌러도 커피가 데워지지 않는다.
- 커피메이커 옆에 장착된 꼭지에서 뜨거운 물이 나오지 않는다.
- 손잡이가 위아래로 움직이지 않는다.
- 우려진 커피에 커피가루가 섞여서 나온다.

3. 워터보일러(Water Boiler)

워터보일러

워터보일러는 따뜻한 물과 차가운 물을 제공하는 기계이다. 물의 온도가 적절한지, 작동에는 이상이 없는지 확인한다.

워터보일러의 오작동 신호

- 물의 온도가 적당하지 않다.
- 워터보일러의 외부 스위치가 고장 났다.

4. 냉장고(Refrigerator)

냉장고의 문을 열어 찬 바람이 나오고 정상으로 작동하는지 확인한다.

냉장고의 오작동 신호

- 냉장고의 온도가 내려가지 않고 물이 생긴다.
- 냉장고의 손잡이가 고장 났다.
- 냉장(Chill), 냉동(Freeze)의 온도 차이가 별로 없다.
- 냉장고 외부 지시등이 고장 났다.

5. 압축 쓰레기통(Trash Compactor)

모든 갤리에는 쓰레기통이 설치되어 있다. 쓰레기통 뚜껑은 항상 닫혀 있도록 관리한다. 쓰레기가 일정량 차면 자동으로 압축시켜 부피를 줄일 수 있는 압축 쓰레기통(Trash Compactor)도 있는데, 압축 쓰레기통은 전기로 작동하기 때문에 물과 같은 젖은 쓰레기를 버려서는 안 되며, 압축 시 위험하기 때문에 유리병과 같이 깨지는 물건을 버려서도 안 된다.

또한 작동 중에 문을 열면 고장의 원인이 되므로 주의한다. 점검 시 작동 버튼을 눌러 작동에 이상이 없는지 확인한다.

압축 쓰레기통

압축 쓰레기통의 오작동 신호

- 쓰레기 압축(Compact) 버튼을 눌러도 작동하지 않는다.
- 문이 고장 나서 열리고 닫히지 않는다.

6. 전자레인지(Microwave)

주로 일등석이나 비즈니스석에 장착되어 있다. 문을 열어 안에 이상 물질이 없는지 확인하고, 작동 버튼을 눌러 작동에 이상이 없는지 확인한다.

전자레인지의 오작동 신호

- 문이 고장 나서 열리고 닫히지 않는다.
- 작동 버튼을 눌러도 데우기 기능이 작동하지 않는다.

기내에 장착된 전자레인지

7. 배수구(Drain)

항공기 내에서 사용하고 남은 액체를 버리는 곳이며, 물 외의 음료는 버리지 않도록 한다. 특히 지상에 주기되어 있을 때 물이나 음료를 버리면 지상 직원이나 정비사가 부상을 입을 수 있다.

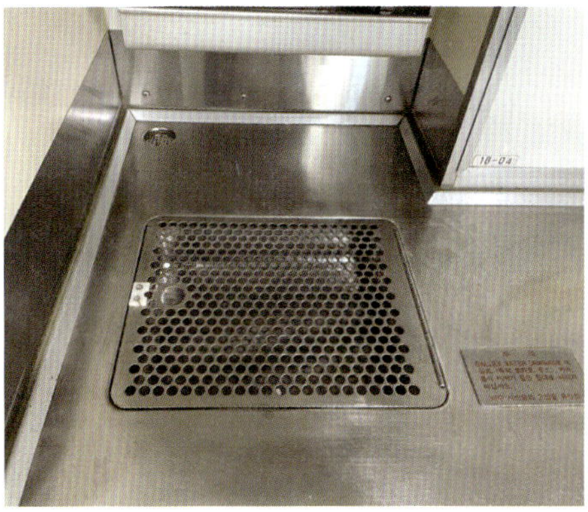

갤리 내 배수구

배수구의 오작동 신호

- 배수구의 물이 잘 내려가지 않는다.

02

객실 설비, 장비 점검 및 보고

Inspect Cabin Equipment and Report the Results

모든 객실 승무원은 자신의 담당 구역(Zone)에 있는 승객 좌석 등받이(Seat Back), 식사 테이블(Tray Table), 발 받침대(Footrest), 독서등의 설비를 점검하고 이상 유무를 사무장(캐빈 매니저)에게 보고한다.

1. PSU(Passenger Service Unit)

승객 좌석의 팔 받침대(Armrest)나 천장 쪽에 위치하며, 승무원 호출 버튼, 독서등, 이어폰 잭, 개인용 모니터, 리모컨 등이 있다.

일반석 승객 좌석

개인용 모니터 및 리모컨

승객 좌석 주머니(Seat Pocket)

좌석 하단의 구명복

승무원 호출 버튼 및 독서등

ISPS

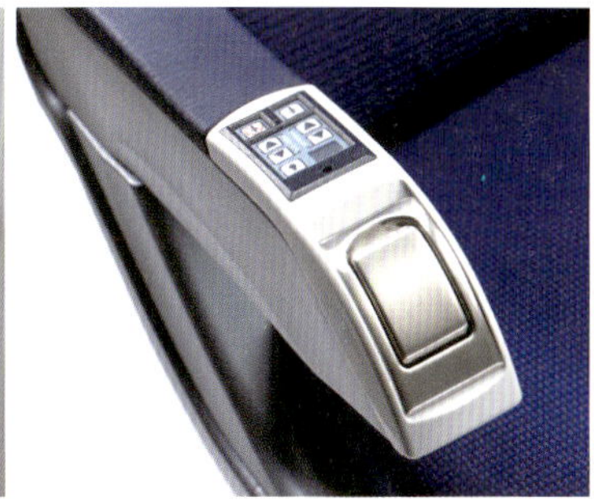

팔 받침대

2. 좌석 설비

승객 좌석에는 식사 테이블과 구명복 및 등받침 젖힘 기능, 머리 받침대(Headrest), 발 받침대(Footrest), 팔 받침대(Armrest), In Seat Power System 등이 장착되어 있다.

좌석 설비의 오작동 신호

- 식사 테이블 : 고정 잠금장치로 고정되지 않고 식사 테이블이 평평하게 펴지지 않아 위쪽에 물건을 두고 이용할 수 없다.
- 구명복 : 좌석 아래 및 옆(위치는 기종과 클래스별로 상이)에 반드시 1개씩 장착되어 있어야 하므로 육안으로 확인한다.
- 등받침 : 좌석 뒤로 젖히기(Recline) 버튼을 눌러도 좌석의 기울기가 조절되지 않거나 고정되지 않는다.

- 발 받침대 : 발 받침대가 고정되지 않거나 작동하지 않는다.
- 팔 받침대 : 팔 받침이 위로 올라가지 않는다.
- 승무원 호출 버튼 : 고장 나서 작동하지 않는다.
- 독서등 : 스위치가 고장 났거나 전구에 이상이 있다.
- 개인용 모니터 : 모니터가 작동하지 않거나 음량이나 채널 조절 장치가 작동하지 않는다.
- 이어폰 잭 : 이어폰을 이어폰 잭에 꽂고 음량과 채널을 조절해도 변경되지 않는다.
- ISPS(In Seat Power System) : 좌석 하단이나 개인용 모니터 근처에 있는 ISPS에 녹색불이 들어오지 않는다.
- 승객 좌석 주머니 : 고정 장치가 잘못되어 주머니가 좌석에 부착되지 않고 늘어져 있어 통행에 불편을 초래한다.
- 좌석벨트 : 좌석벨트가 잠기지 않거나 벨트의 한쪽이 없어 사용할 수 없다.

3. 객실 인터폰(PA System)

객실 인터폰의 오작동 신호

- 비행 중 기내 방송 시 듣기 불편한 파열음이 들리거나 음량의 크기가 적절하지 않다.
- 승무원 간 혹은 기장과의 인터폰 사용 시 송 · 수신 상태에 이상이 있다.

© Getty Images Bank

4. 수하물 선반(Overhead Bin)

승객 좌석의 머리 받침대 위쪽에 위치한 선반으로, 승객의 짐을 보관하는 공간이다. 승객 하기 후 모든 수하물 선반의 문은 열려 있어야 한다.

오버헤드 빈의 오작동 신호

- 문을 닫을 때 딸깍 하는 소리가 나며 문이 고정되지 않는다.
- 선반 안의 청결 상태가 좋지 않거나 그 안에 이상한 물건이 있다.

5. Cabin Attendant Station Panel(기내 승무원 조절 패널)

기내에서 제공되는 보딩 뮤직(Boarding Music), 기내 온도, 기내 조명, 기내 방송, 물 탑재량 및 항공기 Door 상태 등을 제어하고 확인할 수 있는 시스템이다. 보통 L1에 위치하며, 기종에 따라 설치 장소와 세부 조절 패널은 상이하다.

기내 온도 설비

객실의 적정 온도는 24±1℃ 정도이며, 다음과 같은 오작동 신호가 있는지 점검한다.

- 기내 온도가 조절되지 않는다.
- 조절 버튼이 눌리지 않는다.

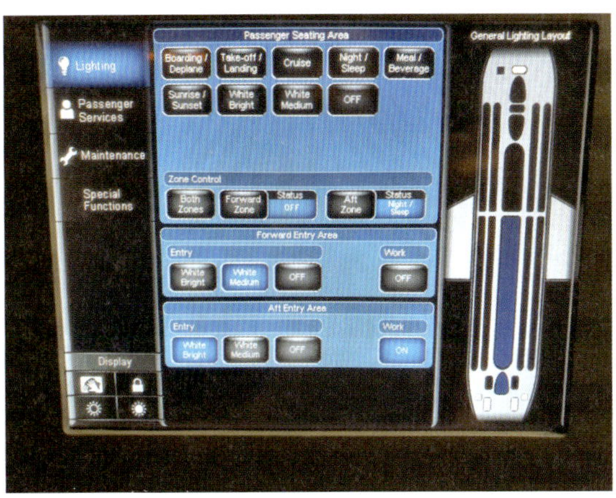

기내 조명 장치

기내 조명은 승객 탑승부터 승객 하기 시점까지 비행 단계에 따라 적절히 조절한다. 가장 밝은 Full Bright, Bright, Medium, Dim, Night, Mood Light(A380) 등으로 조절할 수 있다. 점검 시 클래스별로 스위치를 작동해 보고 다음과 같은 오작동 신호가 있는지 점검한다.

- 객실 전체의 조명 장치를 'ON'으로 켜도 불이 들어오지 않는다.
- 불은 들어오나 깜빡거린다.
- 단계별/클래스별로 조절되지 않는다.

비행 단계별 조명 밝기	
승객 탑승	Full Bright
이 · 착륙	Dim
식사 서비스	Full Bright
면세품 판매	Full Bright / 구간별 조절 가능
승객 휴식	Night
승객 하기	Full Bright

6. VCC(Video Control Center)

기내 비디오 서비스를 관리하는 주 장비를 말한다. 모든 승객 좌석의 비디오가 작동하는지 확인한다.

VCC의 오작동 신호

- 영상물의 화면 상태가 좋지 않거나 영상이 나오지 않는다.
- 영상물의 음량 크기 및 상태가 좋지 않거나 소리가 나오지 않는다.

03

화장실 설비, 장비 점검 및 보고

Inspect Lavatory Equipment and Report the Results

1. 문(Door)

화장실 문은 두 종류로 접히는 문과 접히지 않는 문이 있다. 안쪽에서 문이 잠겨 열리지 않을 경우에는 화장실 문 지시판의 'Occupied'에 납작한 물건을 집어넣어 'Vacant'의 위치로 바꾼 다음 문을 연다.

문의 오작동 신호

- 문이 열리지 않는다.
- 문의 작동이 부드럽지 않고 소음이 난다.
- 문이 잠기지 않고 경첩에서 빠져 있다.

2. Smoke Detector(연기감지기)

기내 화장실의 화재 발생을 방지하기 위해 화장실 내 금연을 법으로 규정하고 있다. 따라서 연기를 감지하는 Smoke Detector가 화장실 내부 천장에 설치되어 있다. 연기가 감지되면 Smoke Detector는 경고음을 울리게 되며, 경고음이 울리면 경고등도 점등된다.

Smoke Detector

© Getty Images Bank

Flushing(물내림) 버튼

Smoke Detector의 오작동 신호

- 비행 중 작동해야 했으나, 지시등이 켜지지 않고 경고음이 들리지 않았다.
- 작동은 되었으나, 경고음 중단 스위치가 작동하지 않았다.
- Smoke Detector에 이상 물질이 끼어 있다.

3. 변기

화장실의 변기는 수세식(Water Flushing Type)과 진공식(Vacuum Type)으로 구분된다. 수세식은 물을 이용한 방식으로 구형 항공기에 장착되어 있으며, 진공식은 기내 압력과 탱크 압력의 차이(항공기 외부 압력과 같은 저압력)를 이용하여 흡입되는 방식으로 신형 항공기에 장착되어 있다.

변기의 오작동 신호

- Flushing(물내림) 버튼을 눌러도 물이 내려가지 않고 바람 새는 소리가 난다.

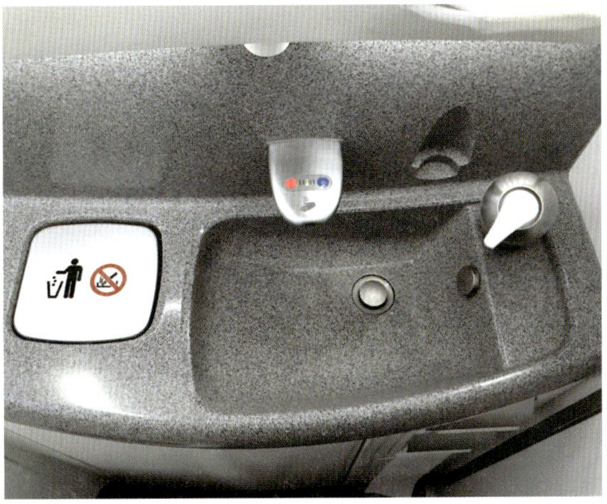

세면대

쓰레기통 뚜껑

4. 세면대

세면대는 배수구, 물의 공급, 물비누 등을 일일이 확인하여 다음과 같은 오작동 신호가 보이는지 점검한다.

세면대의 오작동 신호

- 배수구에 물이 내려가지 않고 고여 있다.
- 물(따뜻한 물, 차가운 물) 공급이 원활하지 않다.
- 수도꼭지는 기종에 따라 물을 틀고 난 뒤 자동으로 잠기는 종류와 수동으로 여닫는 종류로 구분되는데, 작동 상태가 원활하지 않다.
- 물비누를 눌러 보아도 내용물이 잘 나오지 않는다.

5. 쓰레기통

쓰레기통 문이 항상 닫혀 있어야 하는 이유는 쓰레기통 안에서 점화된 경우 불길이 밖으로 확산되는 것을 막기 위함이며, 쓰레기통 내부에는 소화기가 장착되어 있다. 쓰레기통 문이 완전히 닫히는지 여부를 확인하도록 한다.

04

의료장비 점검 및 보고

Inspect Medical Equipment and Report the Results

승객이 하기한 후 점검해야 할 의료장비는 아래 내용과 같다. 문제 발생 시 사무장(캐빈 매니저)에게 보고한 후 객실 설비 장비 수리 요청서(CDLM)에 기록하여 객실 정비사에게 수리를 요청하도록 한다.

1. EMK(Emergency Medical Kit)

기내에 보관되어 있는 EMK

비행 중 응급환자가 발생할 때 간단한 외과수술 및 전문적인 치료를 하기 위해 왕복 2개가 탑재된다. EMK는 의사면허를 소지한 사람이 사용할 수 있으며, 기장에게 보고한 후 사용할 수 있다.

EMK 구성품

일회용 주사기 및 주사 바늘, 지혈대, 혈압계, 청진기, 기관 카테터, 외과용 마스크, 도뇨관, 체온계, 인공기도, 진통제, 항히스타민제, 포도당, 아스피린, 니트로글리세린 정제, 아드레날린제, 기관지 확장제, 이뇨제, 항경련제, 자궁 수축제, 생리식염수, 탯줄 집게, 반창고, 의료용 장갑, 거즈, 부신피질 스테로이드 등이 들어 있다.

2. FAK(First Aid Kit)

일반 환자에게 사용할 수 있는 구급상자로 좌석 50석당 1개씩 의무적으로 탑재되어야만 한다. 기장이나 의사의 허락 없이 객실 승무원이 사용할 수 있으며, 사용 전에는 Sealing되어 있으며, 한 번이라도 사용한 후에는 다음 비행 전까지 새것으로 교환해 두어야 한다.

FAK 구성품

거즈, 붕대, 반창고, 부목, 일회용 밴드, 지혈용 압박붕대, 멸균 압박붕대, 의식 회복용 암모니아 흡입제, 화상 치료용 거즈, 타이레놀, 멀미약, 점비약, 항히스타민제, 제산제, 지사제, 일회용 의료용 장갑, 손세정제, 가위, 핀셋, 체온계, 인공호흡용 마스크, 베타딘 스왑 또는 멸균 면봉, 매뉴얼 책 등이 들어 있다.

기내에 탑재되어 있는 FAK

FAK 외면과 구성품

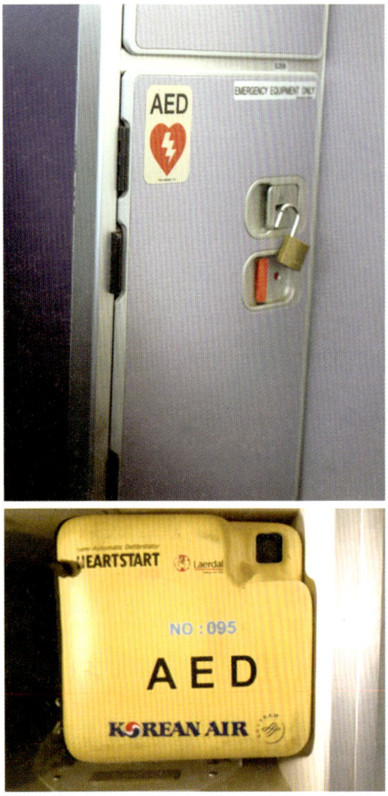

기내에 장착되어 있는 AED

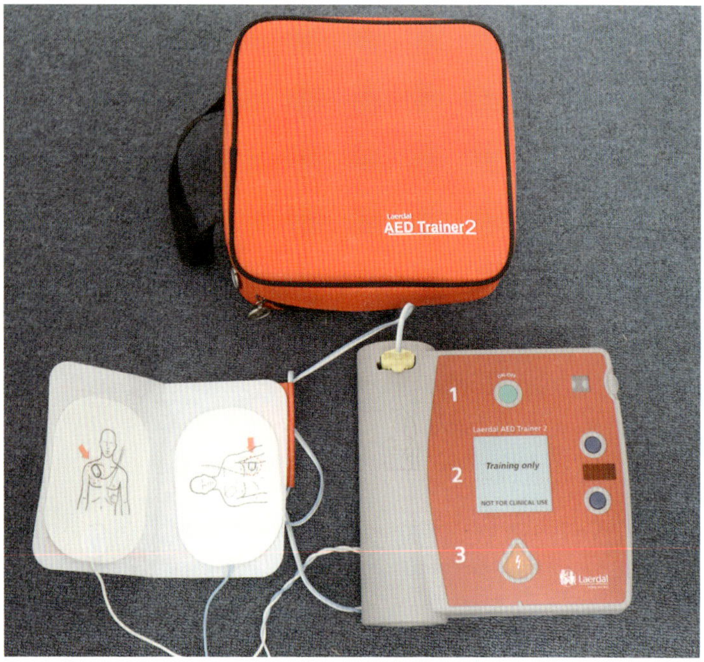

AED 본체와 내부의 패드

3. AED(Automated External Defibrillator)

호흡과 맥박이 없는 환자에게 순간적으로 고압 전기충격을 가해 심장 기능을 회복하도록 돕는 의료기구이다. 전기충격을 주기 위해 가슴에 연결하는 두 개의 패드와 가슴 털을 제모할 수 있도록 면도기가 들어 있다.

4. Medical Bag

객실 승무원이 소지하는 일상적인 구급함이다.

Medical Bag 구성품

일회용 밴드, 소화제, 타이레놀, 지사제, 화상연고, 안티프라민, 인공눈물, 베

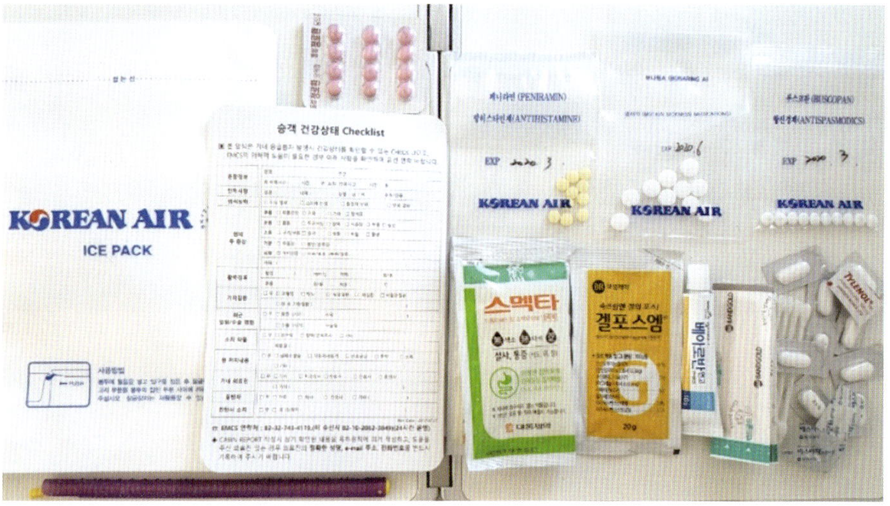

Medical Bag 구성품

타딘 스왑, 항히스타민제, 얼음주머니, 멀미약 등이 들어 있다.

5. Resuscitator Bag/AMBU-bag

심폐소생술 및 인공호흡을 실시할 때 사용하는 보조기구로, 환자에게 산소를 공급하기 위해 사용한다. EMK 손잡이에 묶여 탑재되며, 비행 전에 정위치 탑재 여부를 확인한다.

Resuscitator Bag/AMBU-bag 구성품

수동식 인공호흡기 및 마스크, 청진기, 탈지면, 얼음주머니, 건강상태 체크리스트, 전자체온계, 압박붕대, 혈압계, 수은체온계 등이 들어 있다.

6. UPK(Universal Precaution Kit)

환자의 체액이나 타액의 접촉으로 발생할 수 있는 오염 가능성을 줄이고 오염된 곳을 위생적으로 닦아 내고, 환자의 체액에 의해서 오염된 의료용품을 안전하게 폐기하기 위해 사용한다. UPK는 Resuscitator Bag 안에 들어 있다.

게이지가 1600psi를 가리키는지 확인

UPK 구성품

장갑, 마스크, 가운, 오염물 처리용 Bag, 사용안내서 등이 들어 있다.

7. 기내용 휠체어(On-board Wheelchair)

기내 복도에서 사용할 수 있는 부피가 작은 휠체어이다. 일반용 휠체어를 타고 항공기 출입구까지 이동한 승객이 기내용 휠체어로 바꿔 탄 후 해당 좌석으로 이동할 때, 항공기가 순항 중일 때 거동이 불편한 승객이 화장실이나 그 외 장소로 이동할 때 사용한다. 항공기에는 반드시 기내용 휠체어가 한 개 이상 탑재되어야 한다.

8. 휴대용 산소통(PO2 Bottle)

비상시 (감압 시) 산소를 공급하기 위해 승무원 좌석 주변에 비치되며, 산소마스크가 연결되어 있거나 바로 옆에 함께 보관된다. 비행 전 점검 시 압력 게이지가 1600psi 이상을 가리키는지 확인해야 하며, 사용할 때에는 만일의 감압 사태에 대비하여 500psi 정도는 남겨 놓는다. 휴대용 산소통의 정위치, 마스크와 튜브 상태, 마스크와 PO2 아울렛(Outlet)의 연결 상태, 압력 게이지 상태(1600psi 이상)를 점검한다.

05

기내 설비, 장비 점검 요청

Request of Inspection for In-flight Equipment

승객이 하기한 후, 객실 승무원은 비행 중에 있었던 기내 설비의 문제점 등을 사무장에게 보고하고, 이 내용을 CDLM(Cabin Discrepancy List and Memo)에 작성하여 운항 승무원과 정비사에게 인계한다. CDLM은 객실 장비, 설비의 이상이 발생한 경우에 해당 내용을 보고하고 교체 또는 수리하기 위해 기록하는 서류이다. 비행 전에 객실 사무장은 이전 구간에서 작성된 CDLM을 확인하여 결함사항이 적절히 조치되었는지 확인해야 한다.

1. CDLM 작성법

- 비행편수, 구간, HL NO, 날짜, 기장/사무장(캐빈 매니저) 이름 등을 영어로 기입한다.
- 안전 설비 및 일반 설비에 이상 또는 결함이 있을 때 작성한다.
- 결함이 있는 시설이 안전 관련 설비인 경우에는 CDLM의 중간부분에, 일반 설비인 경우에는 CDLM의 하단 Memo 'Item No'란에 숫자로 기입하고 'Malfunction'란에 결함 내용과 위치를 기입한다.
- 구두 전달사항도 반드시 CDLM에 기재한다.
- 보안 관련 장비는 CDLM에 기입하지 않는다.

2. CDLM 구성

총 세 장으로 노란색, 흰색, 분홍색 페이지가 순서대로 들어 있는 세트이다. 결함사항을 기재한 후 둘째 페이지(White Page)는 운항 승무원에게 Approaching 시점 전에 전달하는 것을 원칙으로 하나, 불가능한 경우에는 Ramp in 후 최대한 빨리 전달한다. 노란색과 분홍색 페이지는 정비본부에서 관리한다.

- Yellow Page : 객실 결함의 조치 및 정비에 대한 근거 문서로 정비본부에서 2년간 보관 후 폐기한다.
- White Page : 운항 승무원에게 전달되는 페이지로, 운항 승무원은 이를 근거로 기록하고 폐기한다.
- Pink Page : 객실 결함에 대한 수정작업 관리자료로 사용하며, 정비본부에서 1년간 보관 후 폐기한다.

대표적인 기내 설비 결함 내용별 작성법

구분	결함 내용	작성법
Air Conditioning	작동 불능	inoperative
	기름 냄새 남	smell of oil
	세게 나옴	high air flow
	약하게 나옴	low air flow
Armrest	손상됨	damaged
	더러움	dirty
	움직이지 않음	not move
	느슨함	loose
Backrest	잘 움직이지 않음	not move easily
	목표지점까지 움직이지 않음	not move fully to target position
Door(Lavatory, Crew Rest Area, Coatroom)	손상됨	damaged
	문이 열리고 닫히지 않음	not open/ close easily
	소음 발생	makes noise

구분	결함 내용	작성법
Air Chiller	작동 불능	inoperative
	시원하지 않음	not chill enough
Attendant Call Button Indicator	켜지지 않음	not illuminate
	꺼지지 않음	stays illuminated
	손상됨	damaged
	상태 불량	bad quality
Boarding Music	소리가 너무 작음	volume too low
	소리가 너무 큼	volume too high
	소음 발생	makes noise
	작동 불능	inoperative
Galley Drain	막힘	clogged

구분	결함 내용	작성법
Individual Video Monitor	화면 상태 불량	screen malfunction
Light(Ceiling, Threshold, Galley, Wall, Lavatory)	손상됨	damaged
	꺼지지 않음	stays illuminated
	켜지지 않음	not illuminate
	깜빡거림	flickering
Oven	냄새가 남	bad smell
	더러움	dirty
	손상됨	damaged
PA	소리가 너무 큼/작음	volume too high/low
	소음 발생	makes unwanted noise
Seat	손상됨	damaged
	더러움	dirty
	젖음	wet
Toilet Bowl	흡입하지 못함	suction operates not sufficient
Tray Table	기울어짐	tilted
	쉽게 움직이지 않음	not move easily
	느슨함	loose

구분	결함 내용	작성법
In Seat Audio	작동 불능	inoperative
	볼륨 조절 안 됨	volume control malfunction
	채널 오작동	channel selection malfunction
Monitor	상태 불량	bad quality
	작동 불능	inoperative
	화면이 흐림	out of focus
PRAM	소리가 너무 큼/작음	volume too high/low
	소음 발생	makes noise
	작동 불능	inoperative
Reading Light	각도 조절 필요	adjustment necessary
	꺼지지 않음	stays illuminated
	켜지지 않음	not illuminate
	깜빡거림	flickering
	저절로 꺼짐	goes off automatically
Seatbelt	손상됨	damaged
	더러움	dirty
	작동 불능	inoperative
Toilet Basin	넘침	overflow
	물이 안 나옴	water not flow
	물이 계속 흘러나옴	water flows continuously
Trash Compactor	문이 열리고 닫히지 않음	door inoperative
	작동 불능	inoperative
	정상 작동하지 않음	malfunction
	새어 나옴 (기름, 물)	leaks

현장 사례

사례 내용

지난 월요일에 출장차 귀사의 항공기를 이용하여 서울에서 제주로 이동했습니다. 좌석 등받침에 문제가 있어 시정해 줄 것을 요구하고 내렸습니다. 그런데 마침 돌아올 때에도 똑같은 항공기에, 같은 자리를 배정받게 되었습니다. 그런데 여전히 등받침이 제대로 작동되지 않더군요. 출장 때문에 피곤했는데 오가는 내내 불편하게 앉아서 와야만 했습니다. 똑같은 돈 내고 왜 이런 대우를 받아야 하는지…. 실망입니다.

발생 원인

- 상기 편수와 같이 정비가 불가능한 국내선 구간에서 CDLM에 기재한 후 관련 부서 간 정보 공유 등의 후속조치가 이행되지 않았음
- 정비가 완료되지 않은 좌석이 승객에게 재판매되었음

해결 방안

- 승객의 기내 설비 관련 불편/불만 의견 접수 시, 해당 설비의 정상/비정상 여부를 사무장(승무원) 임의로 판단하지 않고 모든 내용을 CDLM에 작성해야 함
- 또한 CDLM 기재 후에도 해당 좌석에 대한 정비가 제대로 이루어졌는지 확인하고, 객실–정비–여객 부서 간의 업무 공유를 통해 승객의 불편이 최소화될 수 있도록 해야 함

잠깐! 점검해 볼까요?

01
갤리 설비, 장비 점검 및 보고

1. 갤리 설비를 점검하고 보고해 보시오.

02
객실 설비, 장비 점검 및 보고

1. 객실 설비를 점검하고 보고해 보시오.

03
화장실 설비, 장비 점검 및 보고

1. 화장실 설비를 점검하고 보고해 보시오.

04
의료장비 점검 및 보고

1. 의료장비를 점검하고 보고해 보시오.

05
기내 설비, 장비 점검 요청

1. CDLM 작성법을 이해하고 수리 요청을 해 보시오.

기내 용품, 면세품 인수인계하기

Take over and Hand over In-flight Items and Duty Free Items

7

01

기내 용품 인수인계

Take over and Hand over In-flight Items

수행 준거

- 객실 서비스 규정에 따라 기내에 탑재된 서비스 용품 및 면세품을 컴파트먼트(Compartment)에 넣고 봉인(Sealing)할 수 있다.
- 객실 서비스 규정에 따라 조리실(Galley) 담당자가 봉인(Sealing)한 후 인수인계서를 상호 점검할 수 있다.
- 객실 서비스 규정에 따라 지상 종업원과 봉인 확인 및 점검(Seal to Seal) 방법으로 인계 · 인수할 수 있다.

기내 용품은 크게 서비스 용품과 서비스 기물로 구분된다. 서비스 용품은 승객에게 직접 서비스되는 물품이며, 서비스 기물은 서비스 용품 이외의 서비스 보조 물품으로 회수하여 재사용이 가능한 물품이다.

서비스 용품과 서비스 기물에는 모기지(母基地 : 국내 항공사를 기준으로 인천국제공항과 김포국제공항)에서만 탑재 가능한 품목과 해외에서도 탑재 가능한 품목이 있다. 또한 기내 용품을 하기할 때에도 모기지 도착 편과 해외 도착 편에서의 처리 절차가 다르다.

객실 승무원은 승객 하기 후 기내 점검을 마치고 나면, 기내 용품을 제자리(Cart 및 Compartment)에 넣고 봉인(Sealing)해야 하며, 필요시 지상 직원과 인수인계서를 작성한다.

☞ 기내 용품의 인수인계 절차는 항공사마다 상이할 수 있다.

1. 서비스 용품

기내 서비스 용품은 항공기 내에서 승객의 서비스에 필요한 용품이며, 기내식을 포함해 승객에게 제공되는 일체의 용품을 뜻한다.

서비스 용품의 구분	
기내식 및 음료	일반 기내식, Special Meal, 음료수, 생수, 주류, 얼음, 땅콩, 간식류, 커피팩, 설탕, 크림, Tea Bag, 레몬슬라이스 등
소모품	냅킨, 빨대, 종이컵, 플라스틱컵, Seal, 볼펜, Eye Mask, Ear Plug, 기내엽서, 비닐장갑 등
면세품	면세품, POS 단말기, 조견표, 쇼핑백 등
기타 서비스 용품	헤드폰(이어폰), 담요, 베개, 신문, 잡지, Basket류 등

2. 서비스 기물

서비스 기물은 재사용이 가능한 기내 서비스 물품으로, 사용한 후에 케이터링 센터(기내식 센터)에서 세척하여 다시 기내로 탑재한다.

서비스 기물의 종류	
Glassware(유리잔)	텀블러(Tumbler Glass), 와인 잔(Wine Glass), 샴페인 잔(Champagne Glass), 브랜디 잔(Brandy Glass), 리큐어 잔(Liqueur Glass) 등
Chinaware(도자기 그릇)	접시(Plate), 샐러드 접시(Salad Plate), 수프 볼(Soup Bowl), 우동볼(Bowl), 캐서롤(Casserole), 커피 컵(Coffee Cup), 한식 반상기, 한식 수저받침 등
Muddler Box	설탕, 크림, 티백(Teabag), Muddler 등을 담는 용도
Ice Bucket	얼음을 담는 통
Tongs(집게)	Ice Tongs, Bread Tongs, Towel Tongs, Salad Tongs, Lemon Tongs 등
Oven 장갑	Oven에서 뜨겁게 데워진 기내식을 다룰 때 착용
Ice Pick	덩어리진 얼음을 깨뜨리는 용도로 사용
Ice Scoop	얼음을 떠서 담을 때 사용
Pot	커피나 차를 제공할 때 사용하는 주전자
Tray	승객에게 서비스 용품을 제공할 때 사용하는 쟁반으로, Large Tray와 Small Tray, 2/3Tray 등의 종류가 있음

3. 기내 용품 인수인계 방법

승객 하기 후 유실물 점검 등 업무가 종료되면, 기내 용품 하기 및 다음 편 비행을 위해 담당 지상 직원이 항공기에 탑승한다.

1) 해외 공항 도착 시

항공기가 해외 공항에 도착하면, 사용한 기내 용품을 하기시키는 용품과 하기해서는 안 되는 용품으로 구분하여 정리한다. 하기시키는 기내 용품은 목적지 공항에서 새로 탑재가 가능하며, 하기시키면 안 되는 용품은 새로 탑재가 되지 않는다. 따라서 하기시키면 안 되는 용품의 관리 및 보관이 중요하며, 만약 사용 중 분실한 경우에는 도착 공항의 탑재 담당자나 지상 직원에게 알려서 대체할 수 있는 추가 기물이 탑재될 수 있도록 조치한다.

하기시키는 대표적인 기내 용품은 기내식이며, 하기해서는 안 되는 대표적인 기내 용품은 서비스 기물이다.

☞ 항공사에 따라 하기하는 기내 용품이 상이할 수 있다.

기내 서비스 용품의 인수인계

- 주류(알코올 음료)는 주류 카트(Liquor Cart)에 넣어 Red Seal로 봉인한다. 도착 공항 규정에 따라 Liquor List를 작성하여 제출할 수도 있다.
  ☞ 미국, 영국 등이 해당한다.
- 사용 후 남은 소모품은 따로 정리하여 탑재된 카트나 소모품 캐리어 박스(Carrier Box)에 넣어 Blue Seal로 봉인한 후 인계한다.
- 헤드폰(Headphone)은 사용한 것과 사용하지 않은 것을 구분하여 헤드폰 보관 장소인 컴파트먼트(Compartment)나 갤리(주방) 천장에 정리하여 인계한다.
- 화장실 용품 중 화장품도 컴파트먼트나 캐리어 박스에 보관하여 Blue Seal로 봉인한 후 인수인계한다.
- 담당 클래스나 담당 구역(Zone) 객실 승무원은 특이사항 및 전달사항을 작성하여 해당 편 객실 승무원에게 인수인계한다.
- 서비스 품목 관련 재고 수량(Inventory)을 파악하고 작성한 서류를 인계하여, 해외 공항에서 탑재 가능한 물품을 탑재할 수 있도록 한다.
  ☞ 공항에 따라 탑재 가능한 품목이 다를 수 있다.

IN-FLT SERVICE LIQUOR LIST

(FR ☐, PR ☐, EY ☐)

ARV. FLT. NO. & DATE: KE ________ A/C NO.: HL ________ DEP. FLT. NO. & DATE: KE ________

MERCHANDISE		CLASS	LOADED	LEFT OVER	SEAL NO.
WHISKEY	: CANADIAN CLUB 375ML	FR, EY			A 1.
	: GLENFIDDICH 500ML	FR			2.
	: JACK DANIEL 375ML	FR			3.
	: JWALKER BLUE	FR			4.
	: BALLANTINES 17YRS	PR			U/D 1.
	: CHIVAS REGAL 18YRS	PR			2.
	: GRANTS 500ML	EY			3.
	: JIM MEAM WHITE 500ML	EY			4.
	: JWALKER BLACK 500ML	EY			B 1.
					2.
RUM	: BARCARDI RUM 375ML	FR, PR			3.
GIN	: BEEFEATER GIN 500ML	FR, PR, EY			4.
VODKA	: STOLICHNAYA VODKA	FR, PR, EY			C 1.
					2.
LIQUEUR	: BAILEYS IRISH CREAM	FR, PR			3.
	: CAMPARI BITTER 5THS	FR, PR			4.
	: COINTREAU	FR, PR			5.
	: CRÈME DE CASSIS 350ML	FR, PR			6.
	: CRÈME DE MENTHE 375ML	FR, PR			7.
	: PORT WINE SANDEMAN	FR, PR			8.
	: TIO PEPEP SHERY 375ML	FR, PR			D 1.
	: VERMOUTH DRY - WHITE	FR, PR			2.
	: COGNAC X.O.	FR, PR			3.
	: COGNAC V.X.O.P.	EY			4.
					5.
JEONTONGJU	: BAEG HA JU	FR			6.
	: SAN SA CHUN 375ML	FR			7.
					8.
CHAMPAGNE	: DOM PERIGNON	FR			E 1.
	: DOM RUINART 93	FR			2.
	: GRUG GRAND CUVEE	FR			3.
	: NICOLAS FEUILLATTE	PR			4.
					5.
RED WINE	: CALIFORNIA	FR			6.
	: FRENCH	FR			7.
	: OTHER	FR			8.
	: CALIFORNIA	PR			
	: FRENCH	PR			
	: OTHER	PR			
	: CALIFORNIA	EY			REPLACED SEAL NO.
	: FRENCH	EY			
	: OTHER	EY			
WHITE WINE	: CALIFORNIA	FR			
	: FRENCH	FR			
	: OTHER	FR			
	: CALIFORNIA	PR			
	: FRENCH	PR			
	: OTHER	PR			
	: CALIFORNIA	EY			
	: FRENCH	EY			
	: OTHER	EY			
					DELIVERED BY
BEER	:				RECEIVED BY

____

( ) CUSTOMS INSPECTOR'S

DATE: ________ HAND OVER BY ________ TAKEN OVER BY ________

Liquor List

기내 서비스 기물의 인수인계

- Glassware나 Chinaware는 탑재되었던 카트에 넣어 하기하며, 파손 위험이 있으므로 주의하여 다룬다.
- 트레이(Tray), 집게(Tongs), 머들러 박스(Muddler Box), 포트(Pot), 얼음통(Ice Bucket), 얼음 주걱(Ice Scoop) 등의 기물은 탑재되었던 보관 장소에 청결하게 넣어 두어 인계한다.
- 사용된 리넨(Linen)은 비닐 가방(Vinyl Bag)에 따로 담아 코트룸(Coatroom)에 보관하여 모기지에서 하기할 수 있도록 한다.
- 바구니(Basket)는 항공기 내 보관 장소에 넣어 두어 다음 편에서 사용할 수 있도록 한다.

2) 모기지(한국) 공항 도착 시

항공기가 한국에 도착하면 비행 중 사용한 모든 기내 용품이 하기되어야 하므로 관련 내용을 기내 용품 하기 담당 직원에게 인계한다. 그중 일부 기내 용품(고가의 상위클래스 기념품 등)은 담당 직원과 별도의 인계서를 작성하여 수량을 확인한 후 인계한다.

기내 서비스 용품의 인수인계

- 주류(알코올 음료)는 주류 카트(Liquor Cart)에 넣어 Red Seal로 봉인한다.
- 사용한 후에 남은 소모품은 따로 정리하여 탑재된 카트나 소모품 캐리어 박

Seal

Seal은 기내 용품 및 면세품을 봉인하는 장치로 항공사마다 색상별 차이가 있으나 대개 Red, Blue, Yellow 등의 색상을 사용한다. 물품의 보관 및 분실을 방지하기 위해 사용하며, 주류(알코올 음료)와 면세품에는 Red Seal을, 일반 기내 용품에는 Blue Seal이나 Yellow Seal을 사용한다. Seal에는 일련번호가 박혀 있어서 출발 편 승무원이 확인한 결과 도착 편 승무원이 인계한 대로 Seal의 일련번호 및 개수가 동일하다면 인수인계가 잘 된 것으로 판단할 수 있다.

Sealing된 카트

DRY ITEMS INVENTORY LIST						TEAM장	
						작성자	
DATE	200 . . .	ARR FLT NO.	KE	STN		RSVN STATUS	

ITEM \ LEFT OVER		UNIT	FR/CL	PR/CL	EY/CL		TTL	ADDED
JUICE	ORAGE JUICE	CAN			FWD	AFT		
	PINE JUICE	CAN						
	TOMATO JUICE	CAN						
	GUAVA JUICE	CAN						
SOFT DRINK	COKE	CAN						
	DIET COKE	CAN						
	7UP	CAN						
	DIET 7UP	CAN						
	SODA WATER	CAN						
	TONIC WATER	CAN						
	GINGERALE	CAN						
TEA & COFFEE	COFFEE	PACK						
	DECAFFINATED COFFEE	PACK						
	BLACK TEA (LIPTON)	PACK						
	GREEN TEA	PACK						
	SUGAR	PACK						
	CREAM	PACK						
CUP	PLASTIC CUP	EA						
	PAPER CUP	EA						
ALCHOL BEV.	BEER	CAN						
	WHISKY	BTL						
	WHITE WINE (EY)	BTL						
	RED WINE (EY)	BTL						
	WHITE WINE (DRY)	BTL						
	WHITE WINE (SEMI DRY)	BTL						
	RED WINE (BORDEAUX)	BTL						
	RED WINE (BURGUNDY)	BTL						
LAV. ITEMS	ROLL PAPER	EA						
	PLEENEX	EA						
	HAND PAPER TOWEL	EA						
	SOAP	EA						
OTHERS	MINERAL WATER	BTL						
	COCKTAIL NAPKIN	PACK						
	RAMEN	EA						
	DISPOSABLE TOWEL	EA						
	PEANUTS	EA						
	TOOTH BRUSH	EA						
	SHOPPING BAG	EA						

※ **DRY ITEMS INVENTORY LIST 작성시 유의사항**

1. INVENTORY 작업은 반드시 도착직전에 실시하고, 교대팀이 신뢰할 수 있도록 정확을 기할 것.
2. FR/CL, PR/CL, EY/CL 공히 LIST에 의거 INVENTORY 실시할 것.
3. 아리랑 CART내의 전 ITEM도 INVENTORY에 포함할 것.

Dry Items Inventory List

스(Carrier Box)에 넣어 하기하며 별도의 Sealing은 필요하지 않다.

- 헤드폰(Headphone)은 사용한 것과 사용하지 않은 것을 구분하여 헤드폰 가방에 담아 갤리(주방) 바닥에 꺼내 둔다.
- 기타 서비스 용품은 미하기에 따른 중복 및 과잉 탑재를 방지하고 기내에 오랫동안 방치되는 것을 사전에 방지하기 위해, 갤리 선반 등 하기가 용이한 위치에 보관한다.

기내 서비스 기물의 인수인계

- 서비스 기물은 탑재되었던 정위치(Carrier Box)에 넣어 하기한다.
- Glassware나 Chinaware는 탑재되었던 카트에 넣어 하기하며, 파손 위험이 있으므로 주의하여 다룬다.
- 바구니(Basket)는 항공기 내 지정된 보관 장소에 보관하여 다음 편 승무원이 사용할 수 있도록 한다.

02

기내 면세품 인수인계

Take over and Hand over Duty Free Items

수행 준거

- 객실 서비스 규정에 따라 기내에 탑재된 서비스 용품 및 면세품을 컴파트먼트(Compartment)에 넣고 봉인(Sealing)할 수 있다.
- 객실 서비스 규정에 따라 조리실(Galley) 담당자가 봉인(Sealing)한 후 인수인계서를 상호 점검할 수 있다.
- 객실 서비스 규정에 따라 지상 종업원과 봉인 확인 및 점검(Seal to Seal) 방법으로 인계 · 인수할 수 있다.

1. 해외 공항 도착 시

1) Inventory 및 판매일보 출력

- 기내 면세품 판매가 종료되면 판매품의 종류와 잔량을 확인한다.
- POS 단말기를 통해 판매일보를 출력한다.
- 기내 판매 시 수수된 현금과 수표, 카드전표를 모아 집계하고 화폐별로 환율을 계산하여 USD로 최종 집계한다.

2) 봉인(Sealing)

판매 총액과 수수된 금액을 비교하여 이상이 없으면 면세품 카트(Cart)와 캐리어 박스(Carrier Box)에 Red Seal로 봉인하고 Seal 번호 및 개수를 인계/인수서(판매일보 등)에 입력한다. 고가품은 정위치 캐리어 박스에 보관하여 봉인한 후 인계한다.

3) 교대 편 승무원에게 기내 판매대금 인계

- 판매금액, 귀국편 사전 주문서, 판매일보 등을 교대 승무원에게 인계한다.
- 해외 공항 규정에 따라 담당 객실 승무원 상호 간 인수인계가 불가능한 경우, 지상 직원이나 담당 직원에게 문의하고 규정을 따른다.
- 파손품이나 불량품이 발생한 경우 등 특이사항을 전달한다.
- 해외 출발 편 기내 판매 담당 객실 승무원은 인수한 면세품의 Seal 번호 및 개수, 봉인 상태를 확인한 결과 이상이 발견되면, 지상 직원과 상호 확인하에 분실 확인서를 작성한 후, 본인과 지상 직원, 객실 사무장(캐빈 매니저)의 서명(Sign)을 받는다.

  ☞ 휴대전화로 사진을 찍어 증거 자료로 제출해도 좋다.

2. 모기지(한국) 공항 도착 시

1) Inventory 및 판매일보 출력

- 기내 면세품 판매가 종료되면 판매품의 종류와 잔량을 확인한다.
- POS 단말기를 통해 판매일보를 출력한다.
- 기내 판매 시 수수된 현금과 수표, 카드전표를 모아 집계하고 화폐별로 환율을 계산하여 USD로 최종 집계한다.

2) 봉인(Sealing)

판매 총액과 수수된 금액을 비교하여 이상이 없으면 면세품 카트(Cart)와 캐리어 박스(Carrier Box)를 Red Seal로 봉인하고 Seal 번호 및 개수를 인계/인수서(판매일보 등)에 입력한다.

3) 면세품 담당 직원과 확인 및 기내 면세품 인계

- 면세품 담당 객실 승무원은 봉인 확인 및 Seal to Seal[1] 점검 방법으로 면세품 담당 직원과 함께 면세품을 점검한 후, 면세품과 기내 판매일보를 면세품 담당 직원에게 인계한다. 면세품 중 고가품은 물품을 직접 확인하는 Item by Item[2] 점검 방법으로 인수인계한다.

---

1 Seal 번호를 서로 확인하는 방법

2 물건을 직접 보며 서로 확인하는 방법

- 기내 면세품을 면세품 담당 직원에게 인계한다.
- 탑재량과 하기량이 차이가 나거나 파손품이 발생한 경우, 인수자에게 확인서를 첨부하여 인계하고 해당 사실을 기내 판매 업무팀에 보고한다.

4) 기내 판매대금을 판매대금 수납창구(은행)에 반납

교대팀에게 인계받은 잔돈과 판매대금 전부를 판매일보와 함께 수납창구(은행)에 입금하는 것으로써 기내 판매 업무가 종결된다.

5) 불량품 처리

- 불량품은 제조사의 물품 제조 과정에서 발생한 하자를 의미한다.
- 기내에 탑재된 리페어 태그(Repair Tag)에 이름, 발생 연월일, 편명 등을 기입한 후 불량품에 부착하고 면세품 담당 직원에게 인계한다.

  ☞ 단, 승객이 해당 비행편이 아닌 다른 비행편에서 구입한 물품을 기내에서 불량품이라는 이유로 교환할 수는 없다.
- 불량품 교환이나 환불을 요구하는 승객에게는 기내 판매 업무팀의 전화나 이메일, 연락처를 안내한다.

6) 파손품 처리

- 파손품은 물리적 힘에 의하여 원래의 상태가 변형, 손상되어 상품 가치가 하락한 물품을 의미한다.
- 파손품이 발생했을 때에는 서울 도착 편 승무원이 판매일보와 함께 탑재된 '기내 파손 경위서'를 작성하여 세관 직원의 서명을 받고 파손품과 함께 담당 직원에게 인계한다.
- 파손품은 판매되지 않은 것으로 하기량에 포함하여 계산한다.

7) 교환 및 환불

이전 항공편에서 구입한 물품에 대한 기내 교환이나 환불 처리는 불가하며, 해당 비행 구간에서 판매된 물품으로 상품 가치가 하락되지 않은 경우에 한해 교환 및 환불이 가능하다.

현장 사례

사례 내용

저자도 면세품을 인수인계하는 과정에서 고가의 화장품 몇 개가 분실된 적이 있다. 모든 승무원이 갤리의 구석구석을 샅샅이 뒤져 겨우 찾아내긴 했지만 그때 발생한 스트레스와 겪은 물리적 고생은 이루 말할 수가 없다. 면세품 판매도 중요하지만, 사후 관리 및 인수인계도 중요함을 잊지 말아야 할 것이다.

잠깐! 점검해 볼까요?

01 기내 용품 인수인계

1. 모기지(한국 공항)에 도착하여 기내 용품을 인수인계하는 방법을 정리해 보시오.

2. 해외 공항에 도착하여 기내 용품을 인수인계하는 방법을 정리해 보시오.

02 기내 면세품 인수인계

1. 모기지(한국 공항)에 도착하여 면세품을 인수인계하는 방법을 정리해 보시오.

2. 해외 공항에 도착하여 면세품을 인수인계하는 방법을 정리해 보시오.

참고문헌

김수연 외 3인(2015), 「기내방송」, 한올

김영훈, 나현숙(2010), 「고객만족경영(CSM)을 위한 서비스 네비게이션」, 아카데미아

이지민, 이지영(2017), 「항공객실의무론」, 센게이지러닝

이지민 외 2인(2013), 「항공승무원을 위한 기내방송스피치」, 센게이지러닝

최성수(2016), 「NCS 시리즈 착륙 전 서비스 & 착륙 후 서비스」, 한올

최성우(2016), 「NCS 시리즈 하기 후 관리」, 한올

대한항공 객실승무원 업무규정집

대한항공 기내방송 규정집

관세청 홈페이지(https://www.customs.go.kr)

대한항공 홈페이지(https://www.koreanair.com)

아시아나항공 홈페이지(https://www.flyasiana.com)

인천국제공항 홈페이지(https://www.airport.kr)

인천본부세관 홈페이지(https://www.customs.go.kr/incheon/main.do)

제주항공 홈페이지(https://www.jejuair.net)

NCS 홈페이지(https://ncs.go.kr): 학습모듈 '승객 하기 후 관리'(정영미), '응급환자 대처'(임항아), '착륙 후 서비스'(정영미)